本书受国家自然科学基金面上项目（项目批准号：72171227）"组织中可持续利他行为的形成与作用机制：一项多层次纵向研究"资助

组织中的可持续利他：回顾与展望

于　坤　著

知识产权出版社

全国百佳图书出版单位

—北　京—

图书在版编目（CIP）数据

组织中的可持续利他：回顾与展望/于坤著. —北京：知识产权出版社，2023.5
ISBN 978 - 7 - 5130 - 8743 - 8

Ⅰ.①组…　Ⅱ.①于…　Ⅲ.①企业管理—人力资源管理—研究　Ⅳ.①F272.92

中国国家版本馆 CIP 数据核字（2023）第 074283 号

责任编辑：常玉轩　　　　　　　　　责任校对：谷　洋
封面设计：陶建胜　　　　　　　　　责任印制：孙婷婷

组织中的可持续利他：回顾与展望

于　坤　著

出版发行：**知识产权出版社**有限责任公司	网　　址：http://www.ipph.cn		
社　　址：北京市海淀区气象路 50 号院	邮　　编：100081		
责编电话：010 - 82000860 转 8572	责编邮箱：changyuxuan08@163.com		
发行电话：010 - 82000860 转 8101/8102	发行传真：010 - 82000893/82005070/82000270		
印　　刷：北京建宏印刷有限公司	经　　销：新华书店、各大网上书店及相关专业书店		
开　　本：720mm×1000mm　1/16	印　　张：12.5		
版　　次：2023 年 5 月第 1 版	印　　次：2023 年 5 月第 1 次印刷		
字　　数：166 千字	定　　价：78.00 元		

ISBN 978 - 7 - 5130 - 8743 - 8

目　录

第一章　前　言

当两个生活在同一国家的原始部落发生竞争时，在其他条件相同的基础上，拥有众多勇敢、富有同情心、忠诚的成员的部落将具备优势。这些成员在面临危险时始终会互相提醒、互相支持、互相守护。在这场竞争中，这个部落将战胜对手并征服另一部落。——摘自达尔文的《人类的由来》（1871 年）

利他（Altruism）一词英文的词源为拉丁文 Alter，意为"他人"。学者们从不同角度给出了利他的定义。例如，Batson 等（1995）从利他的结果出发，认为利他的核心在于增加他人的福利；Post 等（2002）则更强调利他的动机，认为利他应该是真正为他人的利益或幸福着想，而不是作为利己的手段；Organ（1988）的定义侧重点在于利他行为对自我利益的牺牲，认为利他指的是个体对其他个体进行帮助的动机及行为，即使这种帮助可能造成自身利益损失；Oliner 等（2002）的观点则更为综合，认为利他有四个条件，即目的在于增进他人的利益或幸福、利他者面临风险或利益牺牲、没有外部来源的回报以及利他者的自愿性。上述学者们对利他的定义中潜藏了一个认识，即关于利他的讨论分为两个层次：指向他人的无私行为及行为背后的心理特征（Vlerick，2021）。

利他一直是生物学、特别是社会生物学的重点概念。这个领域中的学者们关注的是利他行为背后的演化机制，即为什么在生存是自然选择主要动力的前提下，个体还愿意在某种程度上牺牲自己的资源或利益去帮助他人（Kohn，1990）。根据上述关于利他的行为与心理二元区分，利他可以分为心理利他（Psychological altruism）和生物利他（Biological altruism）两个层面。其中，心理利他只关注利他的心理动机，即个体想要通过自己的付出而让其他个体获益的愿望。例如，Piccinini 和 Schulz（2018）提出了两种心理利他的机制，一种称为传统心理利他（Classical psychological altruism），这种心理利他的终极驱动力是利他需求，会让个体产生了为了受助个体的利益而帮助受助个体的行为；另一种则称为非传统心理利他（Non–classical psychological altruism），这种心理利他的终极驱动力是利己需求，会让个体产生为了自己的利益而利他的行为。而生物利他，也称为演化利他，则只关注利他的行为表现，即个体做出提升他人在自然和社会环境中的适应性（Fitness，即生存和繁衍的机会）但相应地降低自身适应性的行为（Vlerick，2021）。简而言之，想要帮助其他个体的愿望是心理利他，而实际帮助其他个体的行为则是生物利他。

演化论（Theory of evolution）长期以来是解释利他特别是生物利他的主要理论之一。具体地，演化论对利他行为的解释一般聚焦于两个领域。一个领域试图给出个体帮助有亲缘关系的其他个体的动力机制，其核心概念为亲缘利他；另一个领域则试图给出个体帮助与其毫无血缘关系的其他个体的动力机制，其核心概念为互惠利他（Vlerick，2021）。所谓亲缘利他，指的是个体对与其共享同样遗传基因、存在血缘关系的其他个体的利他行为。演化论认为，亲缘利他是由预设在个体基因中的一种基础生理动力所驱动的，目的是确保与个体共享同样基因的其他个体有更好的生存与繁衍的机会（Darlington，1978）。亲缘利他的逻辑比较明了，针对有血缘关系的其他个体的利他行为将有利于提升共享遗传基因的亲属的适应性，从而提高他们所共享的基因的演化成功率。因此，亲缘利他行为的基因编码在有亲缘关系的个体间很容易传递，从而得以广泛传播。除亲缘利他外，个体的利他行为还会扩展到与其并无血缘关系的其他个体身上。互惠利他就是其中的典型之一。Trivers（1971）提出，即使没有血缘关系、并不共享共同的基因的个体之间也可以通过相互帮助而让彼此受惠，从而同时增加互助双方的适应性和演化成功率。

但是也要看到，人类社会中有些行为很难用基因的适应性和演化成功率理论来解释。例如个体对毫无血缘关系的他人的帮助，往往带有对自身资源或者利益的牺牲（Organ，1988）。这类行为并不适用于亲缘利他或互惠利他的原理。面对这类问题，Vlerick（2021）提出了基因－文化群体选择说，认为文化群体选择与基因群体选择一样，是个体和群体生存与繁衍的重要机制。演化过程不仅塑造了个体的基因，也塑造了人类文化的特征。文化通过"扬善惩恶"，让人类可以实现"自我驯化"，在基因特质上越来越亲社会。这种文化演化影响基因演化的过程也称为"基因－文化协同演化"，即文化上不断演化的社会环境"操纵"了人类在基因层面上的演化。通过基因与文化的协同演化，人类变得越来越利他。

的确，作为人类文化的重要社会性表征，在具有共同目标的个体所组成的组织中普遍存在着成员之间的利他行为。如 Smith 等（1983）所言，每个工厂、公司或者办公室，日常都离不开成员之间的互相合作及互帮互助。近年来，随着社会经济的快速发展，全球化竞争的日益激烈与组织架构的日趋扁平，工作变得越来越复杂。组织必须给予成员更多自由决策和行动的空间，才有可能让其更灵活地处理日益复杂的工作需求，从而帮助组织更好地生存和发展（Shalley et al.，2009）。同样，对于个人来说，要想更好地在当前快速变化的工作环境中适应和发展，也需要经常做出超越本身职责的工作行为（Eissa et al.，2020）。因而，包括利他在内的组织内个体角色外行为的重要性愈发凸显。组织中利他的价值也得到了学术研究的支持。研究者们发现，以组织公民行为（Organizational Citizenship Behavior，OCB）为代表的组织内利他行为对包括工作绩效、工作满意度、职业成功、组织效能在内的个人与组织结果都有重要影响（e.g.，Griep et al.，2021；Halbesleben et al.，2010；Munyon et al.，2010；Russo et al.，2014；Singh &

Singh，2019；Yaakobi & Weisberg，2020）。

虽然利他对于组织如此重要，但是当前关于利他的研究，在对其本质特征的认知、研究方法等方面都存在显著的问题。第一，此领域内的研究者长期以来都假定一些人会比另一些人倾向于做出更多的利他行为（Bateman & Organ，1983）。这些人被称为"好公民"（Good citizens）或"好士兵"（Good soldiers），他们身上的一些特质让他们稳定不变地做出利他行为。换句话说，学者们普遍认为，利他行为等角色外行为是特质性的、静态的，其差异性主要体现在个体之间（Bolino et al.，2012）。基于这个理论前提，绝大多数的利他行为或组织公民行为研究都聚焦于对利他行为静态点值的个体差异前因进行探索（Bergeron，2007）。然而，这个理论前提面临着越来越多的挑战。近期研究逐渐显示，这些角色外行为的水平在个体内并不是绝对不变的（Dalal et al.，2014），而是"进行中的、动态的和依赖于时间的"，体现出个体内的变异（Bolino et al.，2012）。围绕利他行为的动态性特征，一些学者开展了初步的探索，并发现利他行为同时存在着短期的波动性变化（Lowery et al.，2020；Smith et al.，2020）和长期的趋势性变化（Lin et al.，2020；Parke et al.，2020；Yu et al.，2017）。总体来说，新近研究显示，利他行为对组织中的个体来说并非静止不变的行为，而是不管在短期波动上还是长期趋势上来说，都属于存在较大变化可能的动态行为。

第二，基于对利他行为动态性的认知来重新审视 Organ（1988a）等学者对于利他行为的经典研究，可以看出，早期学者们定义的能够推动组织效能的持续稳定的利他行为（Methot et al.，2017），其实是利他行为的理想化状态，即短期波动性较小、长期趋势平稳（甚至上升）的"可持续"利他行为。由于与工作绩效等具有标准要求的工作行为不同，利他行为是工作职责以外的随意自愿的行为（Bateman & Organ，1983），并无特定的标准与要求，其动态性变异可能比其他工作行为更加显著。因此，在组织中可能实际存在着短期波动性较大、长期趋势下降的不可持续的利他行为。然而，先前大多数研究对利他行为的考察中，在某一时间点取样的利他行为的单次点值或个体知觉到的一段时间内的均值（频率），不仅无法反映利他行为的长期趋势特征，还掩盖了利他行为短期波动中可能出现的异常值，从而可能导致将不可持续的利他行为误判为稳定持续的理想利他行为，给组织带来严重恶果。例如，将利他行为短期波动的极高或极低水平的异常值误判为均值或稳定值，会造成对员工利他水平的过度高估或低估，导致后续绩效考核、福利激励、岗位配置的一系列错误决策。而对团队成员利他行为长期下行趋势的失察，可能导致无法发现组织中存在的制度、政策、人员安排等方面的严重隐患。因此，为了准确客观地了解组织中利他行为的特征，动态地对其包括短期波动性和长期趋势性在内的可持续性特征的考察是极其必要的。

　　第三，当前已有的对利他行为的动态性考察，在系统性上存在着明显不足。当前以动态视角对利他行为进行探讨的为数不多的研究，从时间框架上可以分为两类，即短期研究和长期研究。短期研究一般采用经验取样法（Experience – sampling methods），探索利他行为及组织公民行为在每天甚至分钟级别的波动性（Glomb et al. , 2011；Lowery et al. , 2020；Smith et al. , 2020；聂琦等人，2021）。这些研究发现，对于组织成员来说，在几天到几周的时间内其组织公民行为有高达 22% ~ 87% 的变化幅度。上述研究结果表明，利他行为在较短的时间内会呈现出动态性特征，产生短期（分钟、小时、天）波动性。长期研究则多采用多次纵向追踪调查（Longi-tudinal study），探索利他行为在月、季度甚至更大的时间框架下的长期变化趋势（Methot et al. , 2017）。例如，有学者发现一些员工的利他行为在长期趋势上是下降的（Lin et al. , 2020；Yu et al. , 2017）；还有研究者通过进行组织干预，发现了员工的利他行为在月级别上的上升趋势（Parke et al.，2020）。值得注意的是，尽管涉及利他行为动态性研究的学者们普遍认为利他行为同时具有长期的趋势性和短期的波动性（Methot et al.，2017），但已有的绝大多数研究都是使用不同的研究框架、研究手段和研究样本，对利他行为的波动性和趋势性各自独立进行探讨。这种将利他行为动态性特征割裂开来探索的结果就是，研究仍然无法回答以下问题：利他行为的短期波动性和长期趋势性是否有内在联系？如果有，它们的互动机制又是怎样？如何完整反映利他行为动态性特征的全貌？在一个研究框架中用同一样本对其短期波动性和长期趋势性及其关系机制同时进行考察是极其必要的。

上述三个问题得不到解决，还会导致一系列连带的不良后果。首先，对利他行为可持续性特征探讨的缺失，会导致对利他行为何以产生即其机制研究同样存在片面性。例如，先前研究在探讨利他行为的前因时，只以提升利他行为单点水平的因素作为有效前因。例如，有研究发现，个体的英雄主义动机可以提升个体的利他行为水平（Franco et al.，2011）。然而，在加入时间因素，考虑利他行为的可持续性之后，可能原本被认为有效提升利他行为的因素，其实起到的是对利他行为初始水平提升但长期趋势下降、不可持续的效应。如果仅以单点利他行为的前因作为典型利他行为的前因，就会导致对利他行为前因的有偏，甚至是错误的认知，更会对实践领域产生错误甚至有危害的指导。相应地，只有将利他行为的动态性考虑在内，探索能够让个体持续产生利他行为的内外在条件，才能够真正发现对组织有价值的利他行为前因。其次，如前所述，以静态视角、单点测量的方式考察利他行为，还可能导致将不可持续的利他行为误判为稳定持续的理想利他行为，给组织带来严重恶果。因此，利他行为的可持续性特征对个体及团队、组织的结果的作用机制也亟须探究。因为利他行为最重要的特征是人际互动性，以动态视角看待利他行为的可持续性，不仅个体水平的利他行为可持续性对重要的个人结果的作用机制需要重新考察，而且团队与组织成员的可持续利他行为可能存在的互相影响机制也需要厘清。组织中成员的利他行为也可能呈现出一个在时间线上时刻彼此互相影响的形态，并共同构建起团队与组织可持续互利的图景。然而，对团队水平的互利可持续性如何影响团队有效性及重要个人结果的探讨也非常缺失。

总体而言，当前关于利他行为的研究，由于主要以静态视角采用单点横截面方式进行考察，在定义和测量方式上都更加侧重于利他行为的特质性，而对利他行为的动态性特征缺乏理论上的探讨和实证上的检验，会导致对利他行为特征的理解、利他行为的形成机制及其在个体和团队层面的作用机制上都存在偏误的可能。而近期初步出现的对利他行为动态性特征的探讨，无论是短期波动研究还是长期趋势研究，因为其研究框架与方法的割裂性，各自单独都无法完整反映出典型利他行为动态性特征的全貌。

为了更深入地了解组织中利他行为的可持续性，以动态视角，从利他行为的可持续性入手，在一个研究框架中用同一样本重新审视和考察利他行为的动态特征（包括短期波动性和长期趋势性）、形成机制和个体与组织层面的结果，对准确地回答什么才是可持续的利他行为、可持续利他行为如何实现、利他行为会给个人和组织带来什么结果等问题非常关键。因此，本研究基于动态视角，聚焦可持续利他行为的动态性特征，对其展开系统研究。

具体地，第一，本研究将回顾组织公民行为和反生产行为这两个重要的组织中利他相关概念，其中前者是利他行为的典型代表，而后者则是利他行为的"对立面"，并对两个概念的关系机制进行探讨。

第二，本研究将以动态视角，重新审视利他行为可持续性特征，在统一的研究框架中研究利他行为的短期波动性和长期趋势性的内在联系以及二者与利他初始水平的关系，不仅对准确地回答"什么是可持续的利他行为"的问题非常关键，也为后续继续回答"可持续的利他行为如何实现""可持续利他行为会给个人和组织带来什么结果"等重要问题奠定基础。

第三，本研究将对可持续利他行为的形成机制进行考察，探索个体因素与领导因素如何通过利他行为动机的中介影响利他行为的可持续性。仅以单点利他行为的前因作为典型利他行为的前因，会导致研究对利他行为前因的有偏甚至是错误的认知，更会对实践领域产生错误甚至有危害的指导。只有将利他行为的动态性考虑在内，探索能够让个体持续产生利他行为的内外在条件，才能够真正发现对组织有真正价值的利他行为前因。本研究考察个体因素、领导因素等对利他行为可持续性的影响，并探讨导致利他行为短期波动和长期趋势的中介机制。

第四，本研究将更进一步探索团队水平的互利形态对重要的个体与组织结果的影响。以动态视角看待利他行为的可持续性后，组织中成员的利他行为会呈现出一个在时间线上时刻彼此互相影响的形态，并共同构建起团队与组织可持续互利的图景。然而，对团队水平的利他可持续性如何影响团队有效性及重要个人结果的探讨也非常缺失。本研究以多层分析视角，探索团队层面的可持续互利形态对重要的个体与团队结果的影响，并在此基础上构建可持续利他行为和可持续互利团队的作用机制模型。

上述研究成果不仅能够对利他行为研究做出显著的理论贡献，也对建设可持续互利团队与组织具有重要的现实意义，有利于指导组织管理实践。构建具有利他文化的组织是很多组织管理者的理想之一，在组织中推进员工的利他行为、建设互利型团队也是很多组织正在开展的实践。本研究的成果不仅可以帮助各类组织的管理者增进对利他行为本质、形成及作用机制的了解，还可以基于研究结果帮助组织改善员工行为和工作绩效，构建高水平互利互助的团队及组织。研究成果同时还对我国增进全社会的利他氛围、形成高水平的互利文化具有积极的参考价值。

第二章　组织中的利他相关概念

本章将对组织公民行为和反生产行为这两个重要的组织中利他相关概念进行回顾。其中，组织公民行为是利他行为的典型代表，而反生产行为则是利他行为的"对立面"。

2.1　组织中利他的典型表征：组织公民行为

2.1.1　组织公民行为的定义

随着社会科学的发展，对组织成员间的利他行为研究也越发兴盛。其主要原因是，近年来，由于全球化竞争的日益激烈与组织架构的日趋扁平，工作（Work）的性质已经发生了巨大的变化，组织也越来越动态化、多样化。组织必须给予成员更多的自由决策的空间，才有可能让其更灵活地处理日益复杂的工作需求，从而帮助组织更好地生存和发展（Shalley et al.，2009）。传统组织给员工制定明确而精细的工作要求，对于这种工作要求的达成被称为任务绩效（Borman & Motowidlo, 1997）。以任务绩效为工作指标，在工业大生产时代曾经大大提高了组织运转的效率。而如今，在社会经济的新形势下，员工在工作要求、任务绩效之外是否还能够以主动的工作相关行为对组织做出额外的贡献（角色外绩效，Extra - role performance），对组织的生存和发展至关重要。一些研究者认为广义的工作绩效共有三种，一种即为任务绩效，另外两种都是角色外绩效，分别是组织公民行为（Organizational Citizenship Behavior, OCB）和反生产行为（Counterproductive Work Behavior, CWB）（Rotundo & Sackett, 2002;

Viswesvaran & Ones，2000）。其中，组织公民行为一般被认为是积极的角色外绩效，可以为组织绩效带来正向的推动作用。一些学者认为应该把培育组织公民行为视为一项重要的战略投资，其重要性可以与研发和营销相比（Gardberg & Fombrun，2006）。

组织公民行为是一种典型的组织中利他行为。1978 年，Katz 和 Kahn 首先提出了超角色行为（Super – role behavior）的概念，来试图定义组织中员工在工作角色要求之外的组织行为。其后，Bateman 和 Organ 正式将组织公民行为定义为一种员工在工作职责之外自愿做出的不会被组织正式奖励的行为。这种行为可以促进组织的有效运行（Bateman & Organ，1983；Organ，1988）。与工作场合的正式绩效不同，组织公民行为被看作是一种情境绩效（Borman & Motowidlo，1997），反映出组织管理和人力资源管理学界对社会和心理情境如何影响组织输出越来越重视。

组织公民行为可以从不同角度进行划分。从利他的具体内容上，组织公民行为被 Organ（1988）分为了利他（Altruism）、尽责（Conscientious- ness）、体育精神（Sportsmanship）、礼貌（Courtesy）和公民美德（Civic virtue）五个维度。在这个分类体系中，利他维度成了组织公民行为的一个维度，被认为是关于组织中人际资源交换的核心维度，反映的是个体不求回报地使用自己的时间与资源来帮助他人解决工作中问题的行为特征。可见，利他行为与组织公民行为在组织的很多情境中存在着互相将对方容纳为子集的情况。此外，根据利他行为的行为对象，组织公民行为可以分为人际导向组织公民行为（OCBI）以及组织导向组织公民行为（OCBO）（Williams & Anderson，1991），还有学者在 OCBI 和 OCBO 的基础上提出了任务导向的组织公民行为（OCB – job/task – oriented，OCBT）（Brebels et al.，2014）。从利他行为的目的上，组织公民行为可以分为维持导向的组织公民行为以及变革导向的组织公民行为两种类型（Choi，2007）。在一些细分领域，组织公民行为也有不同维度的区分。例如，在教育领域，组织公民行为可以分为自我调节的组织公民行为以及他人导向的组织公民行为两类（Chen & Carey，2009）。

组织公民行为的情境范围不只是狭义的组织。例如，有学者将组织公民行为分为内部组织公民行为（Internal OCB，Organizational OCB）以及外部组织公民行为（External OCB，Career/professional OCB）（Bergeron et al.，2014）两种类型，这样就把个体跨组织的职业生涯中的利他行为也囊括在内。同样，组织公民行为也不限于组织中的生产力环境。也有学者关注组织其他情境中的组织公民行为，例如工会中的公民行为（Deery et al.，2014）。组织公民行为甚至不局限于组织内部，还有学者探讨了针对组织外部客户的公民行为（Demangeot & Broderick，2010）等。

2.1.2 组织公民行为的结果

自从组织公民行为概念提出以来，研究者们的关注重心就集中在组织公民行为如何能够有利于组织及其成员。首先，组织公民行为对组织有着积极影响。一个重要原因是组织公民行为可以帮助组织中的个体构建更高水平的社会资本，这种社会资本不仅能够帮助员工自身在组织中获得更好的发展，同时还可以促进组织更高效地运转（Bolino et al.，2002）。例如，有研究发现，高水平的组织公民行为会提升组织效能（Koys，2001），从而帮助组织获得更高的团队绩效（Liu et al.，2014；Nielsen et al.，2012）和组织绩效（Sun et al.，2007）。更高的组织公民行为还可以降低组织的离职率（Chen et al.，1998；Sun et al.，2007）和工作场合的偏差行为（Lee & Allen，2002）。从客户角度来看，组织公民行为可以让组织拥有更高的服务质量（Bienstock et al.，2003；Castro et al.，2004），从而带来更高的客户满意度和忠诚度（Castro et al.，2004）。从企业招聘的角度来说，高水平的组织公民行为可以提升组织的吸引力（Organ et al.，2006）。

其次，组织公民行为对组织中的员工也有诸多积极影响。组织公民行为可以促进员工包括正式任务绩效（Task performance）（Ozer，2011；H. Wang et al.，2005）在内的工作绩效（MacKenzie et al.，1993；Ozer，2011），并提升工作成果的质量和数量（Podsakoff, Ahearne, et al.，1997；Podsakoff, Podsakoff, et al.，1997）。例如，组织公民行为可以提升员工客观的销售业绩（Objective sales performance）（MacKenzie et al.，1993）以及销售业绩的主观评价（Subjective evaluation of sales performance）（MacKenzie et al.，1991）。此外，组织公民行为水平越高，员工的工作满意度也越高（Munyon et al.，2010），还更可能获得职业成功（Russo et al.，2014）。在工作场合之外，组织公民行为还给员工下班后带来了更多的能量感（Lam et al.，2015）。总体来说，大量研究发现，组织公民行为是能够给组织和个人带来积极结果的一种有益的组织行为。

不过，组织公民行为也并不总是有益的。近期有研究者开始关注利他行为在什么时候"没有帮助"（Dalal & Sheng，2019）。首先，和个体任何其他行为一样，利他行为需要消耗个体有限的资源（Bolino & Turnley，2005）。这就暗示着，组织公民行为也可能拥有其消极的一面（Bolino et al.，2013）。有研究发现，在组织中，员工更多的组织公民行为会给其带来更高的工作负荷和工作压力感，从而导致更高水平的情绪耗竭（Potipiroon & Faerman，2020）和工作家庭冲突（Bolino & Turnley，2005；Halbesleben et al.，2009）。对于处于过去时间焦点（Past temporal focus）状态的员工来说，高水平的组织公民行为甚至会导致更多反生产行为（Griep et al.，2021）。而组织公民行为对工作绩效的不利影响，在看重结果而非行为的组织中尤甚，在做出高挑战性且耗时的组织公民行为的员工身上尤甚

（Bergeron，2007）。基于此，有研究发现，员工投入在组织公民行为上的时间越多，他们在工作绩效上投入的时间就越少。这样的后果就是，组织公民行为越多的员工，相比专注于工作绩效的员工，其薪水增长的幅度更低，晋升的机会更小（Bergeron et al.，2013）。最后，组织公民行为也并不总是可以提升员工的满意度。对于低乐观倾向的员工来说，组织公民行为与工作满意度之间呈现倒 U 形曲线关系。在一定水平之上的组织公民行为反而会降低员工的工作满意度。尤为值得一提的是，员工的利他行为越多，还可能导致领导越有恃无恐，做出更多的不道德行为（Ahmad et al.，2020）。总而言之，上述的研究显示，组织公民行为同样有可能给员工和组织带来负面的后果。

2.1.3　组织公民行为的影响因素

综上所述，前人研究已经较为全面地揭示了组织公民行为对组织及其成员的积极与消极的影响，反映出组织公民行为在组织研究和实践中的重要地位。基于此，大量的研究开始关注组织公民行为的影响因素（Bolino & Turnley，2003a），考察在个体（Ilies et al.，2009）、领导（Zellars et al.，2002）、团队（Pearce & Herbik，2004）以及组织（Aryee & Chay，2001）等层面上哪些因素可能对组织公民行为产生影响。

2.1.3.1　组织公民行为的个人影响因素

在个体层面，研究者们发现了包括但不限于生理因素、人格特征、情绪情感、动机状态、一般认知等在内的组织公民行为的影响因素。首先，在生理因素方面，年长员工或女性员工的组织公民行为水平往往更高（Pletzer，2021）。此外，睡眠不足可能导致员工在工作中表现出较低水平的组织公民行为（Barnes et al.，2013），而身体上的慢性疼痛同样更容易导致员工组织公民行为相对减少（Ferris et al.，2009）。

在人格特征方面，组织成员的大五人格特征（Big five personality）被认为与组织公民行为密切相关。尽责性（Conscientiousness）、宜人性（Agreeableness）（Ilies et al.，2009；Organ & Lingl，1995）、开放性（Openness）（Abu Elanain，2010；Chiaburu et al.，2011）、外倾性（Extraversion）和情绪稳定性（Emotional stability）（Chiaburu et al.，2011；Moon et al.，2008）都被发现与组织公民行为正相关。除大五人格之外，其他心理特质也会影响个体的组织公民行为水平。例如，核心自我评价（Core self-evaluations）、主动性人格（Proactive personality）、心理资本（Psychological capital）都与组织公民行为存在正向关系（Baba et al.，2009；Liguori et al.，2013；Rich et al.，2010；仲理峰，2007）。作为核心自我评价的重要维度，自尊水平（Self-esteem）较高的员工更有自信地参与组织活动，往往表现出更高水平的组织公民行为（Shih & Chuang，2013）；内控型员工（Internal locus of control）更倾向于在组织中积极影响他人，也会展现出更多组织公民行为（Abu Elanain，2010）。类似地，具有较高自主性（Autonomy）和自我监控水平（Self-monitoring）的员工更倾向于自发地帮助他人，也会展现出更多组织公民行为（Blakely et al.，2003；Park，2016）；有较高同理心的员工更能理解和关心他人的需要（Settoon & Mossholder，2002），也与更多的组织公民行为相关；高心理所有权（Psychological ownership）的员工对组织往往有更强的归属感（Van Dyne & Pierce，2004），而归属感（Sense of belonging）能够促使员工以组织公民行为的方式为组织做出更多贡献（Kyei-Poku，2014）。

除人格特征外，个体的一些长期倾向（Long-term tendencies）也会对其组织公民行为产生较大的影响。具有积极倾向（Positive orientation）的员工会更积极地参与组织活动和帮助他人（Alessandri et al.，2012）；具有未来取向（Future orientation）的员工更关注长期目标与组织的发展（Strobel et al.，2013）；具有职业主义取向（Professional orientation）以及职业使命感（Calling）的员工更重视职业发展和组织成功（Adams et al.，2013），对组织投入更多（Park et al.，2016；Xie et al.，2017）；具有掌握倾向（Mastery orientation）的员工更能主动解决问题并积极影响他人（Louw et al.，2016），上述长期倾向都与组织公民行为呈正相关。类似地，具有亲社会倾向（Prosocial orientation）的员工更愿意帮助他人和参与组织活动（Penner et al.，1997）；公平敏感性（Fairness sensitivity，Akan et al.，2009）和公正世界信念（Belief in a just world）（Kacmar et al.，2011）水平较高的员工也更愿意在组织中（特别是在公平的环境中）展现出组织公民行为。此外，趋近型焦点（Approach focus）的员工更关注成就目标和积极影响他人（Simo et al.，2016），这些倾向性都与组织公民行为有正向的关联。相反，回避型焦点（Avoidance focus）的员工倾向于关注消极后果，从而可能导致对组织公民行为的消极影响（Shin et al.，2017）。

个体的态度、价值观等方面因素也会影响其组织公民行为。自我中心主义（Egocentrism）的员工更关注个人利益而非组织利益（Karam & Kwantes，2011），因而其组织公民行为水平会相对较低；而秉持集体主义价值观（Collectivism）的员工则更关注团队合作和组织目标，会展现出相对更高的组织公民行为（Moorman & Blakely，1995）。例如，员工具有利他主义关怀（Altruistic care）时，会更愿意帮助同事（Lemmon & Wayne，2015）；具有"好公民"（Good citizen）认同的员工倾向于展现出高水平的道德行为（Moral behavior）和对组织的承诺（Organizational commitment）（Methot et al.，2017），这些都有助于提高其组织公民行为水平。总体而言，个人价值观与组织公民行为的关系取决于员工的价值观与组织文化（Organizational culture）的匹配程度。高价值观匹配（Value congruence）会带来更高的组织公民行为（Arthaud‑Day et al.，2012；Cohen & Keren，2008）。

在情绪情感与态度动机方面，首先，个体的积极情绪如感恩（Gratitude）（Rafferty & Restubog，2011）等与组织公民行为呈正相关（Ilies et al.，2006；Williams & Shiaw，1999；Yang et al.，2016）。类似地，员工的积极状态（Positive state）能激发其积极行动和创造力（Creativity）（Isen，1984），从而也会提高组织公民行为水平。

也有一些因素会对个体的组织公民行为产生负面影响。典型地，个体自我调节资源（Self‑regulation resources）的消耗会影响员工应对工作压力（Work stress）的能力（Johnson et al.，2014），进而降低其组织公民行为表现。例如，职业倦怠（Job Burnout）中的情绪耗竭（Emotional exhaustion）和犬儒主义（Cynicism）等因素可能导致组织公民行为减少（Chiu & Tsai，2006；Trougakos et al.，2015；Van Dyne et al.，1994）；情绪失调（Emotional Dysregulation）和表层扮演（Surface acting）可能导致员工感到疲惫和沮丧（Cheung & Cheung，2013；Trougakos et al.，2015），从而降低他们的组织公民行为。此外，嫉妒（Jealousy）等负面情绪也可能导致员工组织公民行为的减少（Kim et al.，2010）。

2.1.3.2 组织公民行为的工作特征影响因素

组织公民行为也同样会受到情境因素的影响。在工作特征方面，工作认知（Job cognition）（Williams & Anderson，1991）、任务独立性（Task independence）（Bachrach et al.，2006）、任务互依性（Task interdependence）（Chen et al.，2009）、工作范围（Task scope）（Farh et al.，1990）、目标清晰度（Goal clarity）（Hu et al.，2011）、流程清晰度（Process clarity）（Hu et al.，2011）、高参与度工作流程（High‑involvement work processes）

（Kizilos et al.，2013）、任务认同、任务意义及自主性（Task identity，task significance，task autonomy）（Chen & Chiu，2009）、程序公平（Procedural fairness）（Bohle & Alonso，2017；van Dijke et al.，2012）、工作场所的公正性（Workplace justice）（Aryee & Chay，2001）、程序公正和人际公正（Procedural justice and interpersonal justice）（Johnson et al.，2014；Lehmann - Willenbrock et al.，2013）、感知公平性（Perceived fairness）（Deluga，1994；Messer & White，2006）、感知的公平待遇（Perceived fair treatment）（Williams et al.，2002）、公平认知（Fairness perception）（Harris et al.，2020）、职场友谊（Workplace friendship）（Bowler & Brass，2006）、对绩效的积极反馈（Bachrach et al.，2001）、感知道德规范（Turnipseed，2002）、挑战压力源（Challenge stressor）（Rodell & Judge，2009）、工作安全感（Job security）（Lam et al.，2015）、工作满意度（Adams et al.，2013；Chen & Chiu，2008；Fassina et al.，2007；Ilies et al.，2006；Moorman，1993；Organ & Ryan，1995；L. J. Williams & Anderson，1991）、角色定义（Role definition）（Morrison，1994）、个人组织匹配（Personal - organization fit）（Chen & Chiu，2008）、内部人身份认知（Perceived insider status）（Hui et al.，2015）、目标特异性及目标难度（Goal specificity and goal difficulty）（Vigoda - Gadot & Angert，2007）、感知到的雇主义务（Perceived employer obligations）（Coyle - Shapiro，2002）、敬业度（Job engagement）（Rich et al.，2010）、工作参与（Job involvement）（Chen & Chiu，2009）、优势使用（Strengths use）（Lavy & Littman - Ovadia，2017）、专业发展（Professional development）（Ackfeldt & Coote，2005）、工作生活增益（Work - life enrichments）（Lambert，2000）、对管理层的认同（Identification with management）（Wikhamn et al.，2021）等因素以及个体对其的认知和态度会正向影响其组织公民行为。

相反，工作负荷（Workload）（Wei et al.，2012）、工作压力（Work stress）（De Clercq & Belausteguigoitia，2020）、工作张力（Job tension）（Chen & Chiu，2008）、工作矛盾（Job ambivalence）（Ziegler et al.，2012）、工作不安全感（Job insecurity）（Bohle & Alonso，2017）、角色冲突和角色模糊性（Role conflict and role ambiguity）（Eatough et al.，2011）、感知政治行为（Perceived political behavior）（Byrne，2005）、职场排斥（Workplace ostracism）（Chung，2015）、感知压力（Perceived stress）（Karam，2011）、心理契约破坏（Psychological contract breach）（Tufan & Wendt，2020）、工作高原期（Job content plateaus）（Hurst et al.，2016）、情绪劳动（Emotional labor）（Cheung & Lun，2015）、工作家庭冲突（Work – family conflict）（Bragger et al.，2005）、工作场合中的妒忌（Workplace jealousy）（Wang & Sung，2016）、顾客虐待行为（Customer mistreatment behavior）（Wen et al.，2016）、冒犯性的同事幽默（Offensive coworker humor）（Tremblay & Gibson，2016）、知觉到的客户苛责（Perceived customer incivility）（Garcia et al.，2019；Lavelle et al.，2021）、同事苛责（Colleague incivility）（Bendersky & Brockner，2020）、知觉到的工作场所暴力行为（Perceived workplace violence）（Mackey et al.，2019）和职场负面八卦（Workplace negative gossip）（Martinescu et al.，2021）等工作特征以及个体对其的认知和态度则会对员工的组织公民行为产生不利影响。其他有些特征与组织公民行为的关系可能较为复杂，例如工作狂（Workaholism）。一方面，工作狂特征可能会让员工过分关注个人工作，忽视与他人的互动，对组织公民行为不利；另一方面，工作狂特征也可能表现出较高的工作投入和组织承诺（Alessandri et al.，2020），有利于组织公民行为。

2.1.3.3 组织公民行为的团队、组织及领导影响因素

在团队与组织层面，团队潜力（Team potency）（Hu et al.，2011）、

团队认同（Team identification）（Van Der Vegt et al., 2003）、感知的团队支持（Perceived team support on Team OCB）（Pearce & Herbik, 2004）、团队承诺（Team commitment）（Pearce & Herbik, 2004）、组织承诺（Organizational commitment）（Akoto, 2014; Schappe, 1998; Van Dyne & Ang, 1998）、网络密度（Network density）（Chung et al., 2011）、团队凝聚力（Team cohesiveness）（Kidwell et al., 1997）、感知组织工具性（Perceived organizational instrumentality）（Jiao et al., 2011）、感知的工会支持（Perceived union support）（Aryee & Chay, 2001）、感知工会工具性（Union instrumentality）（Aryee & Chay, 2001）、感知的员工福利委员会实践（Perceived Employee Welfare Committee practice）（Lin et al., 2016）、网络中的个人中心性（Individual centrality in a network）（Chung et al., 2011）、网络中心性（Network centrality）（Settoon & Mossholder, 2002）、集中化（Centralization）（Yen & Teng, 2013）以及团体对经验的开放性、宜人性或外向性（Group openness to experience, agreeableness, or extraversion）（Roberge et al., 2012）、组织政策和支持（Organizational policy and support）（Randall et al., 1999）、集体组织公民行为（Collective OCB）（Bommer et al., 2003）、组织认同（Organizational identification）（Nguyen et al., 2016）、组织支持（Organizational support）（Randall et al., 1999）、共同的组织愿景（Shared organizational vision）（Wong et al., 2009）、公共服务精神（Public service ethos）（Rayner et al., 2012）、组织结构（Organizational structure）（DeGroot & Brownlee, 2006）、组织人力资源管理实践（HRM practice）（Snape & Redman, 2010）、高绩效工作系统（High-performance work systems）（Hai et al., 2020; Zhang et al., 2019）、高绩效人力资源实践（High-performance human resource practices）（Sun et al., 2007）、企业道德（Corporate ethics）（Chun et al., 2013）、组织和谐（Harmony）

（Chin，2015）、组织公平性（Fairness）（Konovsky & Organ，1996）、组织价值氛围（Organizational value climate）（Marinova et al.，2019）、组织整合认知（Organizational integration cognition）（Rabl et al.，2020）和组织工作状态（Work status）（Stamper & Van Dyne，2001）等因素都有利于员工组织公民行为的产生。

从领导视角看，领导框架（Leadership frames）（Nguyen et al.，2016）、主管反馈环境（Supervisor feedback environment）（Peng & Chiu，2010）、培训领导者的公正性（Training leaders' justice）（Skarlicki & Latham，1996，1997）、传统领导力（Traditional leadership）（Schnake et al.，1993）、变革型领导（Transformational leadership）（Podsakoff et al.，1990）、道德型领导（Ethical leadership）（Kacmar et al.，2011；Wang et al.，2017）、授权赋能领导（Empowering leadership）（M. Li et al.，2016；N. Li et al.，2017）、魅力型领导（Charismatic leadership）（Deluga，1995）、精神型领导（Spiritual leadership）（Chen & Yang，2012）、谦卑型领导（Humble leadership）（Cho et al.，2020）、公仆型领导（Servant leadership）（Abu Bakar & McCann，2016；Ehrhart，2004；Newman et al.，2017；Walumbwa et al.，2010）、教练行为（Mentoring）（Donaldson et al.，2000；Eby et al.，2015；Karam & Kwantes，2011）、团队领导力（Team leadership）（Pearce & Herbik，2004）、指导型领导和支持型领导（Directive and supportive leadership）（Euwema et al.，2007）、领导支持（Leadership support）（Ackfeldt & Coote，2005）、有奖励的领导者行为（Contingent reward leader behavior）（Walumbwa et al.，2008）、主管支持（Supervisor support）（Chen & Chiu，2008）、领导监控（Leader monitoring）（Niehoff & Moorman，1993）、主管满意度（Supervisor satisfaction）（Konovsky & Organ，1996）、个人对主管的承诺（Commitment to the supervisor）（Walumbwa et al.，2010）、对主管

的信任（Trust in a supervisor）（Konovsky & Pugh，1994）、上司决策的程序公平性（Procedural fairness in the supervisor's decision making）（Konovsky & Pugh，1994）、领导公平（Leader fairness）（Farh et al.，1990）、领导的诚实（Leader integrity）（Ete et al.，2020）、领导成员交换（LMX）（Bowler et al.，2010；Wang et al.，2005；Xu et al.，2012）及其质量（LMX quality）（Deluga，1994）和一致性（LMX agreement）（Matta et al.，2015）、领导的情绪表达（Leader emotion display）（Koning & Van Kleef，2015）等领导风格及行为会对员工的组织公民行为产生正向影响。相反，威权型领导（Authoritarian leadership）（Wang et al.，2022）、马基雅维利主义（Machiavellianism）（Frazier & Jacezko，2021）、团队差序氛围（沈伊默等，2019）、辱虐式管理（Abusive supervision）（Rafferty & Restubog，2011；Xu et al.，2012；Zellars et al.，2002）等领导风格和行为则可能对员工组织公民行为产生不利影响。

上述研究显示出，组织公民行为作为组织中最典型的利他行为，已经与组织中的很多其他构念建立起了实证联系。这些构念作为组织公民行为的远端影响因素，从个人特质、认知、情绪情感、态度，以及工作、团队、领导、组织等各个层面对组织公民行为发挥影响。这些影响往往通过近端的行为动机来实现。最主要的近端动机即为组织公民行为动机（OCB motives）（Lemoine et al.，2015；Penner et al.，1997；Takeuchi et al.，2015），包括组织关注（Organizational concern）（Rioux & Penner，2001）、印象管理（Impression management）（Bolino et al.，2006）以及亲社会动机（Prosocial motive）（Teresa Cardador & Wrzesniewski，2015）三个维度。此外，个体的公共服务动机（Public service motivation）（Sangmook Kim，2006）、利他主义动机（Altruistic motive）（Jain，2016）、利己主义动机（Egoistic motive）（Jain，2016）等近端动机也可能会在远端因素和组织公民行为中间起到桥梁中介作用。

2.2 组织中利他的"对立面"：反生产行为

2.2.1 反生产行为的定义

虽然一般研究者或组织管理者都倾向于以员工对组织的积极贡献作为其绩效的核心指标，但是一个不可忽略的事实是，组织中同样存在着员工对组织产出的破坏行为（Marcus & Schuler, 2004）。这些破坏或偏差行为严重度不一，从破坏度较低的公司计算机不当使用到破坏度较高的偷窃等（Lanyon & Goodstein, 2004），但共同的特点是损害了组织的正常运营和发展。作为典型组织破坏行为的集合概念，反生产行为在近年来得到了研究者和企业管理者越来越多的关注（Spector et al., 2006）。

反生产行为是组织成员主动地破坏或有害组织和/或组织利益相关者，包括股东、管理者、同事、顾客等的一系列行为的概称（Spector & Fox, 2005），这些行为包括但不限于偷窃（Greenberg, 1990）、缺勤（Dalton & Mesch, 1991）、攻击行为（Fox & Spector, 1999）、报复行为（Bies et al., 1997）和偏差行为（Robinson & Bennett, 1995）。尽管这些行为的具体特征有所不同，它们依然具备一定的共性。首先，它们都违背了社会或组织的规则或价值观（Martinko et al., 2002）。其次，类似组织公民行为，所有的反生产行为可以归为两类，即指向人的反生产行为以及指向组织的反生产行为。其中，指向人的反生产行为又可以再分为自我指向的反生产行为和指向他人的反生产行为（Robinson & Bennett, 1995）。

2.2.2　反生产行为的结果

作为一种典型的消极破坏性组织行为，反生产行为会给企业带来系列的负面影响，如降低组织绩效、增加组织运营成本等（Lanyon & Goodstein，2004）。例如，组织中针对同事的暴力攻击行为，全世界范围内给组织带来的损失，在 1994 年就达到了 40 亿美元之巨（Bensimon，1994）。有学者估计，不同形式的反生产行为每年给全世界范围内组织带来的损失总计最高可达 1200 亿美元（Buss，1993）。同时，对于组织而言，反生产行为可能使部分员工陷入恶性竞争、降低员工的积极性、增加员工流失率（Hershcovis et al.，2007）。此外，反生产行为还会影响团队运作。当团队中存在反生产行为时，团队成员之间的团结和互信可能会受到负面影响，进而影响团队的合作与绩效（Robinson & O'Leary – Kelly，1998）。具体而言，这些反生产行为可能破坏团队成员之间的情感联系，导致团队沟通与协作水平下降（De Dreu & Weingart，2003）。总体来说，反生产行为的影响结果既有直接、短期的表现，也有间接、长期的持续效应。短期内，反生产行为不仅可能导致员工的工作效率降低，还会使他们对自身的职业发展产生怀疑和感到恐慌（Grijalva & Newman，2015），并产生紧张、抑郁及焦虑等负面心理健康症状（Aquino & Thau，2009），对组织形成负面评价（Vardi & Wiener，1996），从而损害员工与组织间的关系（Bordia et al.，2008）。从长期来看，反生产行为可能使组织形象和声誉受损，难以吸引优秀人才加入，从而导致竞争力减弱（Carpenter et al.，2021）。

2.2.3　反生产行为的影响因素

因为反生产行为给组织带来如此严重的后果，研究者对反生产行为的影响因素越来越重视，期望能发现反生产行为产生的原因或预测因素，不仅在理论上认识反生产行为的发生机制，也能在组织实践中改善员工的反生产行为状况。基于此，研究者们也从员工个人、组织中的同事、领导、组织架构等层次探讨反生产行为的影响因素。第一，在员工个人特征方面，员工的心理资本（Luthans et al.，2007）、情商（Greenidge et al.，2014）、自尊（Whelpley，McDaniel，2016）、道德水平（Treviño et al.，2006）、正念（Krishnakumar & Robinson，2015）和职业兴趣（Iliescu et al.，2014）对反生产行为有着负向影响，而特质性愤怒（Hunter & Penney，2014）、嫉妒（Khan et al.，2014）则可以导致反生产行为水平的上升。人格特质中宜人性与个体针对他人的反生产行为负相关，而责任心则与个体针对组织的反生产行为负相关（Oh et al.，2014）。此外，个体的行为结果也会对其反生产行为产生一定影响。如员工的创新绩效越低（Harari et al.，2016），其反生产行为水平越高。

第二，在环境因素方面，工作要求（Smoktunowicz et al.，2015）越高、工作压力越高（Fida et al.，2015）、来自客户的压力越大（Hunter & Penney，2014）、工作的资源越少（Metin et al.，2016）、不安全感越高（Tian et al.，2014）、大材小用感越强（Liu et al.，2015）、意义感越低（Rodell，2013），个体的反生产行为水平越高。而对于组织中的他人因素来说，领导的辱虐式管理（Lance Ferris et al.，2016）、对员工的惩罚（Dischner，2015）、组织的不公正（尤方华，陈志霞，2014）会与更高水平的反生产行为相关；而领导的道德型领导（张永军，赵国祥，2015）以及关怀（Holtz & Harold，2013）则可能带来更低的反生产行为。此外，来自家庭的欺辱行为（Bai et al.，2016）以及工作家庭平衡的不公平感（Beauregard，2014）也会导致组织中反生产行为水平的上升。

2.3 组织公民行为与反生产行为的关系

以上发现说明，随着社会经济的快速发展，工作复杂性的不断提升，以及组织为了适应这一要求所产生的去中心化的组织形态变化，都给员工带来了更多的决策和行动空间，让员工拥有进行组织公民行为或反生产行为等积极或消极的角色外绩效的机会。组织公民行为带来积极的影响，而反生产行为则带来巨大的消极影响。然而，值得研究者关注的是，虽然一般研究均假设组织公民行为与反生产行为作为角色外绩效其作用相反，应该是负相关关系，但有部分研究发现高水平的组织公民行为同样伴随高水平的反生产行为，即也可能存在正相关关系（Spanouli & Hofmans，2016）。不一致的研究发现给角色外绩效的理论研究和管理实践都带来挑战。因此，研究组织中员工的组织公民行为和反生产行为的发展变化的过程以及影响因素，深入探索两者之间的互动关系，就显得至关重要。

一般研究者认为组织公民行为和反生产行为是理论上独立的两个构念（Kelloway et al.，2002）。因此近年来越来越多的研究开始探讨两者之间的关系。一个元分析研究结果显示，组织公民行为与反生产行为存在着一定的负相关关系，但是相关度并不高，仅为 - 0.32。特别地，如果在测量选择上更为严谨，如去除组织公民行为和反生产行为重合的测量条目后，两者之间的负相关更低，仅为 - 0.16（Dalal，2005）。较弱的负相关提示研究者，组织公民行为和反生产行为的关系可能受到一些强情境因素的影响，这些强情境因素的存在，可能导致组织公民行为和反生产行为的关系在某些条件下变为不相关，甚至是正相关。换句话说，虽然一般来说组织公民行为有利于组织，反生产行为有害于组织，个体拥有较高水平的组织公民行为，就会拥有较低水平的反生产行为，但是在某些情况下，员工可能同时既用组织公民行为帮助组织，又用反生产行为危害组织。例如，已有研究发现，在个体内水平上，部分组织公民行为和反生产行为存在着较弱的正相关，如指向同事的组织公民行为就与指向组织的反生产行为呈现正相关（Dalal et al.，2009）。

对组织公民行为和反生产行为复杂关系中可能的影响因素，已有一些初步的理论和实证探索，认为员工组织公民行为和反生产行为的水平与个体的情绪状态有关。其中，组织公民行为与积极情绪正相关，反生产行为与消极情绪正相关（Dalal et al.，2009；Spector & Fox，2002），积极的情绪事件或情绪可以导致组织公民行为，而消极的情绪事件或情绪可以导致反生产行为（Dalal，2005）。而对于组织公民行为和反生产行为之间可能出现的正相关关系，有研究认为，个体因为组织资源不足，如领导力不足，同事支持不足等被迫做出组织公民行为，或者因为做出组织公民行为后回报不足，可能会做出反生产行为作为"报复"（Spector & Fox，2010）。

而相反，个体在做出反生产行为后，因为内疚感，可能会想要多做组织公民行为进行补偿（Spector & Fox，2010）。综合前人研究，Bolino 和 Klotz（2015）认为，资源供给、负向情绪和道德许可、公民行为压力和印象管理是组织公民行为和反生产行为关系中重要的影响因素。

综上所述，关于组织公民行为和反生产行为的复杂关系，已有研究针对其可能存在的边界条件进行了初步探索，提出了情绪、资源供给、内疚感，甚至性别等可能的边界条件。然而，这些探索存在着较大的问题。首先，先前的探索均仅从一个角度或出发点探讨组织公民行为和反生产行为的关系，缺乏系统性，难以全面把握组织公民行为与反生产行为的复杂互动关系。其次，这些探索绝大多数是理论推想，假设组织公民行为与反生产行为关系中可能的机制或边界条件，而缺乏实证证据的支持。最后，先前的探索均未将组织公民行为与反生产行为的动态性特征纳入考虑，对这种动态性会给两者关系带来何种新的可能性，存在着知识空白。

　　总而言之，作为组织行为学的重要研究课题，组织公民行为和反生产行为已经得到了研究者的广泛关注。很多研究者分别对组织公民行为和反生产行为的产生机制、影响因素等进行了探索，也获得了许多重要的研究成果。这些研究成果对于构建组织公民行为和反生产行为的纵向模型具有重要的参考价值。然而，应该看到，首先，过去的大部分研究都是将组织公民行为和反生产行为孤立开来独立进行研究，即分别探讨组织公民行为和反生产行为的前因和后果。近年来，已有研究者开始呼吁将组织公民行为和反生产行为通过不同的视角结合起来，考察它们之间的关系和互动过程，但已有研究的结果并不一致，存在较大分歧。有些研究发现组织公民行为与反生产行为存在负相关关系，而另一些研究则发现高水平的组织公民行为反而可能带来高水平的反生产行为。矛盾的结果值得研究者重视，提示可能有强情境因素在两者关系间起作用。其次，如前所述，在组织中涉及利他行为的研究中，绝大部分都是以横向手段静态地考察组织公民行为和反生产行为，缺乏对其发展变化的动态研究。因此，以纵向研究方式对组织公民行为和反生产行为进行不同时点测量，探讨组织公民行为和反生产行为的变化趋势，以及能够影响其变化趋势的因素，是一个亟须进行的科学行动。

第三章　组织中利他相关
概念间关系的边界机制

组织公民行为和反生产行为的提出至今已有几十年的历史。在这几十年间，很多学者对组织公民行为和反生产行为的特征及其影响因素进行了大量探讨，同时也有研究初步涉及了组织公民行为与反生产行为之间的关系，为后续的组织公民行为与反生产行为研究奠定了较为坚实的基础。然而，就利他行为的研究而言，特别是对组织公民行为与反生产行为而言，仍然存在着严重不足。首先，当前绝大多数研究对于组织公民行为和反生产行为的探讨采取孤立的视角，将它们看作两个独立的组织结果变量。这种孤立的探讨虽然也能发现组织公民行为和反生产行为各自的影响因素，但是却忽略了组织公民行为和反生产行为这两个重要的利他相关概念结果变量之间可能存在的关系。而已有研究指出，组织公民行为与反生产行为之间可能并非简单的负相关关系，而是可能存在更为复杂的互动过程。现有的少数探讨组织公民行为和反生产行为关系的实证研究对这个可能性的探索严重不足。

其次，目前对组织公民行为和反生产行为的探讨，都只是采用横截面数据，以静态的视角来探讨组织公民行为和反生产行为的特征，及其个人与环境影响因素。然而，一方面，随着近年来越来越多研究者提出利他行为拥有动态性特征，可能随着个体或环境因素的变化而发生变化，现有的研究并未能回答这个问题。另一方面，横截面研究的结果无法真正回答组织公民行为和反生产行为与其影响因素之间的关系是正向的因果关系，还是影响因素其实是组织公民行为和反生产行为所导致结果的反向因果关系，抑或是由混淆变量导致的伪相关。据此，本研究构建了组织公民行为和反生产行为的动态关系模型。具体而言，本研究基于认知、情绪和道德资源三种理论视角，来探讨组织公民行为和反生产行为的动态关系模式。

通过以上探索，本研究旨在得出组织公民行为和反生产行为这两个重要角色绩效的动态性特征和动态关系模型，为组织管理研究领域贡献新的知识，并给组织管理实践提供有价值的指导意见。

基于认知资源、情绪资源以及道德资源三种不同的理论视角，囊括传统组织管理研究的认知、情感范畴以及角色外行为中重要的道德成分，本研究将组织公民行为和反生产行为这两个组织内利他的典型行为结合起来进行关系考察，并引入职业适应力、情绪调节与道德认同三个调节因素，以便更深刻地了解组织公民行为与反生产行为之间可能的复杂互动关系，帮助构建起更完整的员工利他行为机制模型。

3.1 职业适应力的作用

3.1.1 职业适应力的定义与理论基础

职业适应力（Career adaptability）的概念由 Savickas（1997，2002，2005，2013）提出，指的是个体在职业生涯过程中调整自身行为和心态，以便在不断变化的工作环境中实现满意的职业发展的能力。职业适应力体现的是个体用于应对当下或未来职业情境中可预测任务或者不可预测情境的心理–社会资源，不仅涉及应对当前的职业挑战，还包括预测未来的职业需求并做好相应的准备。Savickas（1997，2005）认为职业适应力包括四个核心维度：关注（Concern）、控制（Control）、好奇（Curiosity）和自信（Confidence）。其中，关注指的是个体对自身职业未来的思考与计划，控制指的是个体对职业未来的决策和责任担负，好奇指的是个体对职业未来的探索与研究，自信指的是个体对自己能够有效解决问题的信心。

3.1.2　职业适应力的结果

首先，职业适应力对个体的职业发展有积极影响。研究表明，职业适应力较高的个体更具竞争力和应变能力，在职场中能够更好地适应组织变革和发展需求（Savickas，2005；Savickas & Porfeli，2012），更容易获得组织提供的培训和晋升机会（Guan et al.，2015；Zacher，2014a），从而在职业生涯中更好地规划和实现自己的职业目标，实现职业生涯的持续发展（Koen et al.，2012），获得更高的满意度和成就（Savickas & Porfeli，2012；Zacher，2014a）。其次，职业适应力可以降低个体的职业倦怠和心理压力。具备较高职业适应力的个体能够更好地应对工作中的压力和挑战，降低职业倦怠的风险（Hirschi et al.，2015；Lent & Brown，2013）。他们在面对职业生涯中的不确定性和变动时，能够保持积极的心态和行为，从而减轻心理压力和紧张（Rudolph et al.，2017）。

3.1.3　职业适应力的影响因素

职业适应力的影响因素涵盖个体特征、社会环境、教育背景和组织氛围等方面。首先，个体特征对职业适应力具有重要影响。开放性、责任心和情绪稳定性等人格特征与职业适应力呈正相关关系（Rossier et al.，2012；Tokar et al.，1998）。其次，社会环境在职业适应力的发展中起到关键作用。家庭背景、朋友圈和社会支持等因素都会影响个体的职业适应力（Blustein，2011）。例如，来自亲友和专业人士的支持和指导可以帮助个体增强职业适应力，更好地应对职业生涯中的变化和挑战（Gushue et al.，2006；Leung，2008）。此外，教育背景对职业适应力的形成具有重大影响。

良好的教育背景和职业指导课程可以帮助个体探索自己的兴趣和技能，制定职业生涯规划，从而提高职业适应力（Lent et al.，1994；Whiston et al.，1998）。最后，组织氛围在培养员工职业适应力方面可以发挥重要作用。组织提供的职业发展资源，如培训、辅导和晋升机会等，也能够促进员工职业适应力的提升（Guan et al.，2015；Zacher，2014b）。

3.1.4 职业适应力在组织公民行为与反生产行为关系中的作用

本研究认为，职业适应力作为个体在组织中适应的重要心理认知资源之一，将影响其组织公民行为与反生产行为的关系。员工的职业适应力越高，其在组织中用于角色内及角色外工作行为的资源越多。在资源充足的条件下，员工的组织公民行为消耗的资源在个体的可控范围内。资源限制瓶颈较小的情况下，员工组织公民行为水平越高，其通过组织公民行为构筑的社会资本越强（Bolino et al.，2002），给个体带来的积极回报越多，从而其从事反生产行为的可能性也越小。换句话说，高水平的职业适应力会强化组织公民行为与反生产行为之间的负相关。

假设1：员工的职业适应力在其组织公民行为与反生产行为的关系中起到调节作用。具体地，职业适应力越高，其组织公民行为与反生产行为之间的负相关越强。

3.2　情绪调节策略的作用

3.2.1　情绪调节策略的定义与理论基础

此外，作为员工情绪资源的重要指标之一，本研究认为员工的情绪调节（Emotion regulation）（Gross & John，2003）策略也将在组织公民行为与反生产行为的关系中产生影响。情绪调节通常被定义为个体对情绪的产生、体验和表达进行有意识或无意识的管理和调整的过程（Gross，1998a）。情绪调节涉及改变情绪的类型、强度、持续时间和表达方式，以适应不同的环境需求和实现个人目标（Gross，2015）。情绪调节可以通过多种方式实现，包括认知、行为和生理等途径（Gross，1998b；Ochsner & Gross，2005）。情绪调节策略可以在情绪产生阶段和情绪响应阶段使用，以实现对情绪的预防性和后续性调整（Gross，2015）。

根据 Gross（1998a）的情绪调节过程模型，情绪调节策略可以分为两个阶段：情绪产生阶段策略和情绪响应阶段策略。情绪产生阶段的策略包括情境选择、情境改变、注意部署和认知改变（如认知重评）。情绪响应阶段的策略主要包括响应调节（如表达抑制）。其中，认知重评是一种认知调节策略，指的是在情绪产生阶段重新评估和解释与情绪相关的事件和情境，以改变对情绪的影响（Gross，1998b；Ochsner & Gross，2005）。通过认知重评，个体可以调整情绪产生的认知基础，从而实现情绪的预防性调整（Gross，2015）。而表达抑制则是一种响应调节策略，指的是在情绪响应阶段有意识地抑制情绪表达，以避免过度表达或不适当的情绪反应（Gross，1998a）。通过表达抑制，个体可以调整情绪的外在表现，以实现情绪的后续性调整（Gross，2015）。

3.2.2 情绪调节策略的结果

情绪调节策略的运用对个体的心理健康、社会适应、生活满意度、工作绩效和健康状况等方面会产生重要影响，有效的情绪调节策略可以帮助个体实现心理平衡、社会和谐和生活满意，促进个体的全面发展和成长。首先，情绪调节策略对个体的心理健康有着显著影响。例如，积极的情绪调节策略如认知重评被发现与较低的抑郁和焦虑症状相关（Aldao et al.，2010；Garnefski & Kraaij，2006）。相反，消极的情绪调节策略如表达抑制被认为可能加剧个体的心理不适，导致心理症状恶化（Gross & John，2003）。情绪调节策略还与应对压力的能力密切相关，有效的情绪调节可以帮助个体更好地应对生活中的压力和挑战（Troy et al.，2010）。其次，情绪调节策略对个体的社会适应有重要影响。运用适当的情绪调节策略可以促进人际关系的和谐，提高社会支持和满意度（Lopes et al.，2005）。例如，在面对冲突和压力的情境下，采用认知重评等积极策略的个体往往能够更好地维护人际关系，减轻社会压力（Gross & John，2003）。而过度使用表达抑制等消极策略可能导致人际关系紧张，影响个体的社会适应（Butler et al.，2003）。此外，情绪调节策略对个体的生活满意度也有重要作用。研究发现，有效的情绪调节策略可以提高个体的生活满意度，增强幸福感（Gross & John，2003；Tamir，2005）。例如，过度依赖消极的情绪调节策略如表达抑制可能导致情绪积压，降低生活满意度（Gross & John，2003）。在工作场合，情绪调节策略还与个体的工作绩效和职业满意度密切相关。研究表明，有效的情绪调节策略可以提高工作绩效，降低职业倦怠和离职率（Brackett et al.，2010；Grandey & Melloy，2017）。

3.2.3 情绪调节策略的影响因素

情绪调节策略的选择和运用受到个人、情境、社会文化等多方面因素的影响。理解这些因素将有助于研究者和实践者更全面地认识情绪调节策略的形成、发展和运用。在个人特征层面，人格特质、情绪智力和心理韧性等因素与情绪调节策略的运用密切相关（Gross & John，2003；Mayer & Salovey，1997）。不同人格特质的个体在情绪调节策略的选择上存在显著差异。例如，情绪稳定性较低的个体倾向于采用表达抑制等消极的情绪调节策略，而外向性和开放性较高的个体更倾向于运用认知重评等积极的情绪调节策略（Gross & John，2003）；情绪智力较高的个体更擅长运用有效的情绪调节策略，从而实现情绪平衡和心理健康（Brackett et al.，2010；Mayer & Salovey，1997）。类似地，心理韧性较高的个体更倾向于采用积极的情绪调节策略，如认知重评，以应对压力和逆境（Tugade & Fredrickson，2004）。

情境因素在情绪调节策略的选择中扮演着重要角色。具体情境的特点如事件类型、情感强度和时间跨度等都可能影响个体的情绪调节策略选择（Gross，2015；Sheppes et al.，2011）。例如，面对高强度的负面事件，个体可能更容易采用表达抑制等消极策略；而在低强度的负面事件中，个体可能更倾向于运用认知重评等积极策略（Sheppes et al.，2011）。此外，情境的紧迫性和时间限制也可能影响情绪调节策略的选择。在紧急情况下，个体可能更容易采用简单快速的情绪调节策略，如注意力转移，而在时间充裕的情况下，个体可能会选择更复杂且深入的情绪调节策略，如认知重评（Gross，2015）。

社会文化因素在情绪调节策略的选择上也起着重要作用。研究发现，文化背景、家庭环境和教育程度等社会文化因素与情绪调节策略的运用密切相关（Matsumoto et al.，2008；Sheppes et al.，2015）。不同文化背景的个体在情绪调节策略的选择上存在差异。例如，在集体主义文化中，个体更倾向于运用表达抑制等策略来维护社会和谐，而在个人主义文化中，个体可能更加关注自我表达和实现，从而更倾向于采用积极的情绪调节策略（Matsumoto et al.，2008）。同时，家庭环境和亲子关系也会对情绪调节策略的形成和发展产生重要影响。在一个支持性和关爱的家庭环境中长大的个体更可能掌握有效的情绪调节策略，而在一个忽视或排斥情绪表达的家庭环境中长大的个体可能更容易形成消极的情绪调节策略（Morris et al.，2007）。教育程度和知识水平亦影响情绪调节策略的选择。受过较高层次教育的个体往往更了解情绪调节的重要性，并且更擅长运用有效的情绪调节策略来应对生活中的挑战和压力（Gross & John，2003）。

3.2.4 情绪调节策略在组织公民行为与反生产行为关系中的作用

当员工的情绪调节策略处于高水平的认知重评状态时，将更不会被工作环境中的压力源所影响而出现负面情绪。这样，在情绪资源充足的条件下，员工组织公民行为对情绪资源的消耗在可控范围内。在这种情况下，员工组织公民行为水平越高，带来的积极回报越多，从而其从事反生产行为的可能性也越小。换句话说，高水平的认知重评会强化组织公民行为与反生产行为之间的负相关。相反，当员工处于高水平的表达抑制状态时，工作环境中的压力源导致的情绪将逐渐累积，得不到释放，因而，个体的情绪资源会逐渐耗竭。在情绪资源成为瓶颈的条件下，员工组织公民行为水平越高，消耗的情绪资源越多，个体对自身的情绪控制能力越弱，出现反生产行为的可能性就会越来越高。换句话说，高水平的表达抑制会弱化组织公民行为与反生产行为之间的负相关。

　　假设2：员工的认知重评在其组织公民行为与反生产行为的关系中起到调节作用。具体地，认知重评越高，其组织公民行为与反生产行为之间的负相关越强。

　　假设3：员工的表达抑制在其组织公民行为与反生产行为的关系中起到调节作用。具体地，表达抑制越高，其组织公民行为与反生产行为之间的负相关越弱。

3.3　道德认同的作用

3.3.1　道德认同的定义和理论基础

　　除认知与情绪的视角外，探索组织公民行为与反生产行为不可忽视的一个视角是道德视角。道德（Morality）是人们用于协调和促进社会生活的一系列标准与规范的集合（De Waal，2009；Haidt，2008；Krebs，2008）。道德行为（Moral behavior）是一些体现出对他人的需要和利益的社会责任感的行为（e. g.，Kant，2012；Singer，2011），而道德感包括了对权力与义务，好与坏，对与错的动机与行为的想法和感受等。基于道德行为与道德感在社会生活中的重要性，这一系列概念及其影响因素从皮亚杰（Piaget，1932）时代即开始被研究，到科尔伯格（Kohlberg，1971）时代发展出相对完整的道德认知发展模型（Cognitive – developmental model），强调理性道德推理（Moral reasoning）对道德行为的决定性影响。随后Bandura等提出自我调控的道德标准和自我惩罚对道德行为的重要预测作用（Bandura, 1999; Bandura, Barbaranelli, Caprara & Pastorelli, 1996），开启了道德行为研究的一个新途径，即对道德调节的效应、机制的研究。道德调节反映着人们对想做好事、但又不想承担做好事所需的成本这两者之间的平衡（Eisenberg & Shell, 1986）。个体的道德调节水平可能也会对其组织公民行为和反生产行为的关系产生影响。

鉴于组织公民行为与反生产行为分别是对组织、社会规则和价值观的尊重与违背，这两种行为都包含着重要的道德元素。因此，本研究引入道德认同（Moral identity）的概念，作为组织公民行为与反生产行为关系中的另一个重要的边界条件。道德认同是个体道德调节的重要指标，体现的是个体自我概念中道德相关成分的核心程度（Aquino & Reed, 2002），分为内化道德认同和符号化道德认同两个维度。内化道德认同指的是个体内在认同道德的规范和价值观，而符号化道德认同指的是个体为了得到社会认同而遵守道德规范和价值观。内化道德认同是对道德规范的真正认同，而符号化道德认同对道德规范的认同需要耗费个体的自控资源（Reed, Americus & Aquino, 2003）。

3.3.2　道德认同的结果

道德认同对个体的道德行为、心理健康和社会功能产生显著影响。Blasi（1980）认为，道德认同是个体在道德困境中作出道德决策的关键驱动力，随着道德认同的提升，个体在面对道德困境时更倾向于遵循道德价值观，从而表现出更高水平的道德行为（Blasi, 1980）。的确，研究发现，道德认同强的个体更容易遵循道德规范，更加诚实、公平和关爱他人等（Aquino & Reed, 2002; Hertz & Krettenauer, 2016），也有更积极的人际关系和更高的组织认同等（Aquino & Reed, 2002; Hardy & Carlo, 2005; Hertz

& Krettenauer，2016）。道德认同也与组织认同和组织公民行为等相关。研究发现，道德认同强的员工更容易认同组织的价值观和目标，积极参与组织公民行为，如自愿帮助同事和支持组织决策等（Reed & Aquino，2003）。然而，值得注意的是，道德认同的影响结果可能受到个体、情境和文化等多方面因素的调节。在情境方面，道德困境的严重性、道德损害的直接性和权力动态等因素可能对道德认同与道德行为之间的关系存在调节作用（Aquino et al.，2009；Gino & Pierce，2009）。

道德认同对个体心理健康也有积极作用，主要表现在自尊、生活满意度和幸福感等方面。高道德认同的个体往往具有较高的自尊，因为他们认为自己的行为符合道德标准，从而产生自我认可和自我肯定（Hardy & Carlo，2005）。同时，道德认同与生活满意度和幸福感之间也存在正向关系（Hertz & Krettenauer，2016）。

3.3.3 道德认同的影响因素

道德认同的影响因素涉及多个层面，包括个体特质、家庭与社会环境和情境变量等。在个体特质方面，道德认同受到认知、情感和动机等因素的影响。认知因素包括道德推理能力和道德意识等，它们决定了个体对道德问题的理解和评价（Kohlberg，1984；Rest et al.，1999）。情感因素如道德情感和同理心等与道德认同间也存在正向关系（Eisenberg，2006；Hoffman，2000）。动机方面，道德目标和价值观对道德认同也有重要影响。个体对道德价值的重视程度越高，道德认同越强（Aquino & Reed，2002；Blasi，1980）。

家庭和社会环境对道德认同也有重要影响。研究表明，家长的道德教育方式和教育目标对子女的道德认同具有重要作用（Hoffman，2000）。此外，宗教信仰也对道德认同产生影响，宗教信仰较强的个体通常具有较高的道德认同（Saroglou et al.，2004）。教育和学校环境也是影响道德认同的重要因素。教育水平较高的个体通常具有较强的道德认同，因为教育有助于提高个体的道德认知和情感能力（Rest et al.，1999），有助于培养学生的道德认同（Berkowitz & Bier，2007）。同伴关系和社会网络对道德认同的影响也不容忽视。在一个道德价值观较高的社会网络中，个体更容易接受和实践道德规范，从而提高道德认同（Turiel，2002）。

情境变量对道德认同的影响主要体现在道德困境和权力动态等方面。研究发现，道德困境的严重性和道德损害的直接性可能影响个体的道德认同（Aquino et al.，2009；Gino & Pierce，2009）。例如，在道德损害直接性较高的情境中，个体的道德认同可能更易受到挑战。此外，权力情况也会影响道德认同，权力地位较高的个体在道德决策中可能更容易偏离道德规范，从而降低其道德认同（Lammers et al.，2010）。

3.3.4 道德认同在组织公民行为与反生产行为关系中的作用

当员工的内化道德认同处于高水平时，其道德自我价值更高，道德行为更多处于自我价值而非社会认可，因而会消耗更少的自我调节资源。这样，在内化道德认同高的条件下，员工组织公民行为对道德自我调节资源的消耗将在可控范围内。在这种情况下，员工组织公民行为水平越高，其带来的结果将以积极的回报为主，包括社会资本等，从而其从事反生产行为的可能性也越小。换句话说，高水平的内化道德认同会强化组织公民行为与反生产行为之间的负相关。相反，当员工处于高水平的符号化道德认同状态时，个体的道德行为并不是核心自我价值的一部分，而是需要消耗自身的资源去进行道德行为。因而，个体的道德自我调控资源会逐渐耗竭，直至出现道德许可效应（Merritt et al.，2010），即认为自己已经做了足够多的道德行为，从而有资格做不道德行为。因此，在个体的符号化道德认同处于高水平时，员工组织公民行为水平越高，消耗的道德自我调节资源越多，就会出现道德许可效应，导致反生产行为的可能性越来越高。换句话说，高水平的符号化道德认同会弱化组织公民行为与反生产行为之间的负相关。

由此，本研究提出以下假设：

假设4：员工的内化道德认同在其组织公民行为与反生产行为的关系中起到调节作用。具体地，内化道德认同越高，其组织公民行为与反生产行为之间的负相关越强。

假设5：员工的符号化道德认同在其组织公民行为与反生产行为的关系中起到调节作用。具体地，符号化道德认同越高，其组织公民行为与反生产行为之间的负相关越弱。

第四章　组织中的可持续利他
　　　　及其动态性特征

4.1 研究问题的提出

前文回顾了组织中利他的两个重要的相关概念——组织公民行为以及反生产行为，并对它们之间的关系机制进行了探讨。在下面的论述中，本研究将讨论在组织中如何能够做到让员工持续地表现出高水平的组织公民行为和低水平的反生产行为。为了简便，本研究把组织成员的这种行为特征称为可持续利他。尽管关于利他行为的文献不断涌现，但研究对这一构念的了解几乎都建立在横断面研究的基础上。换言之，利他行为曾经长期被作为一个静态的概念来进行研究。这些研究假设利他行为的一些典型形式（如组织公民行为）具有静态特征（Bolino et al.，2012）。然而，新近一些研究表明，至少在短期内，这种行为可能存在较为显著的个体内部差异（Bolino et al.，2012；Dalal et al.，2009；Ilies et al.，2006；Miner & Glomb，2010）。这种差异值得学者的关注，因为它反映出静态点状的组织内亲社会行为水平可能仅展现了个体利他的局部情况。为了更全面地了解组织中这种行为的本质，有必要聚焦可持续利他行为，捕捉利他行为的动态变化。

近年来，随着研究方法和技术的不断进步，曾经一些只能通过静态手段测量的概念变量逐渐可以通过动态的手段捕捉（Gabriel et al.，2017）。对于利他行为，也逐渐有研究开始对其进行动态性考察。在当前以动态视角对利他行为进行探讨的为数不多的研究中，以研究的时间框架和相应采用的研究手段的不同，可以分为两类，即针对利他行为短期波动性的研究和针对利他行为长期趋势性的研究。其中，短期波动性研究更早开展。研究者一般采用经验取样法（Experience – sampling methods）在连续多天内每日收集数据，探索利他行为及组织公民行为在每天甚至分钟级别的波动性（Glomb et al.，2011；Lowery et al.，2020；R. W. Smith et al.，2020）。短期波动性研究的成果最先突破了对利他行为的特质性的传统理解，并发现利他行为在较短的时间（分钟、小时、天）内会呈现出波动性特征。相对于短期波动研究，长期趋势研究开展更晚。一般来说，长期趋势研究则多采用多次纵向追踪调查（Longitudinal study）方法，在几个月的时间区间内收集三次以上的数据，探索利他行为的长期变化趋势。目前长期趋势研究的成果非常少，存在着大量的知识空白。尽管有证据表明22% ~ 87%的组织公民行为的变化发生在个体内部，且行为的频率或强度可能在数天或数周内发生变化，但关于这些变化到底是小范围的波动还是反映长期趋势的大幅度转变仍存在不确定性（Methot et al.，2017）。此外，尽管个体差异可能解释这些变化的一部分差异，但大部分变异仍然无法解释，研究对于情境因素如何影响员工利他的长期趋势知之甚少。此外，尽管许多学者认为利他行为可能随时间而改变（Methot et al.，2017），但关于这种变化的普遍性、性质或方向及其决定因素还并没有共识。如 Grant（2007，2013）在回顾有关亲社会组织行为的文献后认为，只要组织始终关注并招聘具有亲社会行为倾向的员工，组织内部就会出现隐性的"互惠圈"和支持性的文化，从而形成互惠利他的上升螺旋。类似地，有学者发现，进行组织干预后，员工的利他行为在月级别上也可能出现上升趋势（Parke et al.，2020）。相反，Belmi 和 Pfeffer（2015）发现，组织总利益计算的普遍性使得员工无法遵循互惠规范，即使在选拔和促进亲社会行为的组织中，新员工也不太可能表现出利他行为参与度的增长，甚至可能随着时间的推移，利他行为会表现得越来越少。这个假设在一些实证研究中得到了支持，有学者发现一些员工的利他行为在长期趋势上是下降的（Lin et al.，

2020；Yu et al.，2017）。一些学者也认识到了以往静态研究范式对探讨变量间关系的不足，并围绕利他行为开展了相关的研究。例如，有研究发现知觉公正水平的变化趋势与绝对水平交互影响了员工的组织公民行为（Rubenstein et al.，2019）。然而，即使使用了动态研究的范式，大部分研究仍然是将利他行为作为静态的结果变量，考察其如何受到自变量的动态变化的影响。

　　基于以上回顾，利他行为的传统研究在定义和测量方式上都更加侧重于利他行为的特质性，而对利他行为的动态性特征缺乏理论上的探讨和实证上的检验。尽管有些研究在问卷中采用了诸如让个体描述一段时间内利他行为的频率等试图捕捉利他行为动态性的弥补措施，然而，以简单点值或均值（频率）来反映个体真实的利他行为特征，可能导致研究对个体利他行为的认知出现重大偏误，把不可持续的利他行为误判为稳定持续的理想利他行为。同时，虽然利他行为作为组织中重要的角色外行为，已经与其他概念建立起了丰富的联系，然而由于上述研究中绝大多数依然是以静态视角考察利他行为，关于利他行为形成与作用机制的研究结果同样可能存在严重的偏误。最后，已有的绝大多数研究都是将两种特征用不同的研究框架、研究手段、研究样本进行探讨。换句话说，对利他行为的动态性的探讨，在研究框架和研究方法上都是割裂的。总而言之，已有的无论是短期研究还是长期研究，各自单独都无法完整反映出典型利他行为内涵特征的全貌。为了更深入地了解组织中利他行为的可持续性，在一个研究框架中用同一方法、同一样本对利他行为的短期波动性和长期趋势性及其关系机制同时进行考察是极其必要的。只有将利他行为的动态性考虑在内，探索能够让个体持续产生利他行为的内外在条件和影响结果，才能真正实现对组织中利他行为、特别是可持续利他行为前因后果的真正准确理解，从而更有效地指导组织实践。

　　总体而言，目前以动态视角对利他行为的可持续性的探讨还处在起步阶段。首先，利他行为的动态性特征体系不够明确，内部各个子特征的关系有待探讨。利他行为的传统研究在定义和测量方式上都更加侧重于利他行为的特质性，而对利他行为的动态性特征缺乏理论上的探讨和实证上的检验，可能导致研究对个体利他行为的认知出现重大偏误。而对于近期初步出现的对利他行为动态性特征的探讨，无论是短期波动研究还是长期趋势研究，因为研究框架和研究方法的割裂性，各自单独都无法完整反映出典型利他行为动态性特征的全貌。为了更深入地了解组织中利他行为的可持续性，在一个研究框架中用同一样本对其短期波动性和长期趋势性及其关系机制同时进行考察是极其必要的。

　　其次，可持续利他行为的形成机制不够明确。对利他行为可持续性特征探讨的缺失，会导致对利他行为何以产生的机制研究同样存在片面性。仅以单点利他行为的前因作为典型利他行为的前因，就会导致研究对利他行为前因的有偏甚至是错误的认知，更会对实践领域产生错误甚至有危害的指导。只有将利他行为的动态性考虑在内，探索能够让个体持续产生利他行为的内外在条件，才能够真正发现对组织有真正价值的利他行为前因。

　　最后，可持续利他行为在个体和团队层面的作用机制不够明确。当前对利他行为的可持续性特征对重要个人和团队结果的作用机制的考察依然较为缺失。一方面，可持续性特征不同的利他行为，如长期趋势不同、短期波动性不同的利他行为，可能对个体层面的结果产生非常不同的影响。另一方面，以动态视角看待利他行为的可持续性后，组织中成员的利他行为会呈现出一个在时间线上彼此互相影响的形态，并共同构建起团队与组织可持续互利的图景。然而，对团队水平的互利可持续性如何影响团队有效性及重要个人结果的探讨也非常缺失。

基于以上研究问题，本研究采用动态视角，聚焦可持续利他行为的动态性特征，对其展开系统研究。具体地，本研究首先对利他行为的可持续特征进行考察，探索可持续利他行为的短期波动性以及长期趋势性两个子特征的内在联系及其与利他行为初始水平的关系，深化对可持续利他行为的理解。其次，对可持续利他行为的形成机制进行考察，采用长期纵向追踪、短期经验取样和横截面研究结合的方法及多层分析视角，考察个体因素、领导因素对利他行为可持续性的影响，并探讨其中个体利他行为动机的中介作用。最后，本研究将更进一步探索个体可持续利他行为以及团队水平的互利形态对重要的个体与团队结果的影响，并在此基础上构建可持续利他行为和可持续互利团队的作用机制模型。上述研究成果不仅能够对利他行为研究做出显著的理论贡献，也对建设可持续互利团队与组织具有重要的现实意义。

4.2 可持续利他的动态性特征

在当前以动态视角对利他行为进行探讨的为数不多的研究中，以研究的时间框架和相应采用的研究手段不同，可以分为两类，即针对利他行为短期波动性的研究和针对利他行为长期趋势性的研究。其中，短期波动性研究一般采用经验取样法，在几周时间内每日收集数据，探索利他行为及组织公民行为在每天甚至分钟级别的波动性（Glomb et al.，2011；R. W. Smith et al.，2020）。相对于短期波动研究，长期趋势研究则多采用多次纵向追踪调查方法，在几个月的时间区间内收集三次以上的数据，探索利他行为的长期变化趋势（Methot et al.，2017）。然而，已有的绝大多数研究都是在不同的研究中分别对两种特征用不同的研究框架、研究手段、研究样本进行探讨。换句话说，对利他行为的动态性的探讨，在研究框架和研究方法上都是割裂的，各自单独都无法完整反映出典型利他行为的内涵特征的全貌。

为了解决这个问题，需要在统一的研究框架下、使用统一的研究方法和同一样本考察可持续利他行为的短期波动性特征和长期趋势性特征的内在联系，及其与利他行为初始水平的关系。通过对组织成员的利他行为进行动态观察，描绘出利他行为在一定时间范围内的完整动态性特征，包括利他行为的起始水平、短期波动性以及长期趋势性。其中，利他行为的短期波动性可以通过经验取样法收集日级别利他行为数据，并利用数据的重复测量方差来反映；长期趋势性可以通过纵向追踪调查法收集月级别利他行为数据，并利用数据的斜率来反映，初始水平通过月级别利他行为数据的截距来反映。换句话说，本研究用利他行为的截距、短期方差和长期斜率来分别作为利他行为初始水平、短期波动性和长期趋势性的指标。本研究将这三个指标的集合定义为利他行为的"可持续性"。高可持续利他行为即截距高、长期斜率非负、短期方差小的利他行为，这是一种稳定保持在高水平的利他行为；相反，低可持续利他行为（或不可持续利他行为）即截距低、短期方差大，或截距高但长期斜率为负的利他行为，这是一种起始水平低、不稳定，或者水平一直在下降的利他行为。

在对利他行为的可持续性特征进行操作定义的基础上，本研究将继续探索利他行为可持续性的两个子特征之间的内在联系，即利他行为短期波动性与长期趋势性的联系，以及两者与利他行为初始水平的联系。例如，利他行为的短期波动性越大，越可能会对其长期趋势性造成不利的影响。相反，如果利他行为的长期趋势处于稳定状态，其短期波动性可能也相对较低。而利他行为的初始水平与短期波动性和长期趋势性之间的关系，可能受到个体和环境因素的影响更趋复杂。鉴于这方面的研究目前还是空白，本研究仅对三者之间的关系做探索性的考察，以期为后续研究可持续利他行为的形成和作用机制奠定实证证据的基础。

本研究考察的是组织内利他行为随着时间的变化趋势。就其本质而言，利他行为是一种基于资源的行为，当一个个体（利他者）向另一个个体（受益者）提供帮助时，需要消耗自身有限的资源，也有可能增加其资源（Spitzmuller & Dyne，2013）。一方面，通过利他行为，利他者可以扩大并强化其支持网络（Grant，2013），满足他们的关系需求（Koopman et al.，2016），并增强他们的亲社会影响力（Grant & Sonnentag，2010）、自我效能感（Grant，2007）以及幸福感（Aknin et al.，2013）。这些对个体来说都是重要的心理资源（Koopman et al.，2016）。

另一方面，利他行为也可能对利他者不利，因为它可能直接威胁或消耗个人资源，如时间和精力（Bergeron，2007；Bolino & Turnley，2005）。鉴于工作中和工作外的多种需求都在争夺个体有限的资源（Hockey，1997），分配给利他行为的资源就无法用于发展和工作任务相关的能力（Bergeron，2007；Bolino & Turnley，2005）。基于此，员工可能会将利他视为有风险的行为，可能威胁到他们的本职工作任务的完成。Bergeron 等人（2013）和 Koopman 等人（2016）关于组织公民行为成本的研究结果也支持了这一点。此外，Bolino 等人（Bolino & Turnley，2005）的研究结果表明，如果员工想要最大限度地同时兼顾本职工作和利他行为，往往要以牺牲家庭关系或降低个人幸福感为代价。

因此，个体在组织中利他行为的动态性特征可能呈现比较复杂的样态。在没有外界环境影响的条件下，员工的利他行为理论上有三种可能的变化趋势，首先是上升趋势，即利他行为水平随着在组织内时间的增加而不断上升；其次是下降趋势，即利他行为水平随着在组织内时间的增加而不断下降；最后可能是平稳趋势，即员工的利他行为水平并不随着在组织内时间的变化而变化，而是保持在一个相对稳定的水平。要想了解利他行为的水平在没有外界环境影响时的动态性特征，最佳观测样本是新入职员工。而自我调节冲突在日常生活中无处不在。人们经常持有不同强度的多个目标，这些目标会对个体的心理和物理资源进行竞争。而当追求一个目标抑制了追求另一个目标的能力时，自我调节冲突就会发生（Cavallo et al.，2012）。由于工作和社交领域对个体来说是最核心的两个领域（Elliot et al.，2006），组织成员需要努力平衡好工作任务和社交领域的不同目标。而新员工的入职培训有可能促使新员工在社交和工作任务相关目标之间调节资源的方式发生显著的变化，进而导致其行为的接续变化。随着时间推移，就可能表现为行为动态性特征的变化。

例如，一方面，对于新员工来说，利他行为的收益可能非常显著，通过利他行为来帮助同事可以在实现其关系目标方面发挥重要作用。从印象管理的角度来看，利他行为是个体建立亲社会声誉的关键（Rioux & Penner，2001），从而为增加个体在组织中的关系凝聚力和建设与同事的社会交换网络奠定了基础（Lawler et al.，2008），最终可以提高个体的长期绩效。这种情况下，对于新员工来说，利他行为的出现，可能是由其趋近动机来驱动的。个体通过自我调节，驱动其更多的利他行为来实现更好的社会性收益。

另一方面，新员工们也面临着巨大的压力，需要证明他们有能力处理分配给他们的工作任务（Liu et al.，2015）。而无法做到这一点的新员工可能会面临一些负面的反馈（Solinger et al.，2013）。事实上，入职过程往往是一个让新员工处于"生存"模式的过程，他们的精力被用来降低风险和不确定性（Bauer et al.，2007；Louis，1980；Saks & Ashforth，1997），满足并未完全理解透彻的工作要求和期望（Ellis et al.，2015），以及重新获得对工作的掌控感（Ashford & Black，1996）。在这个意义上，对于很多新员工来说，完成与工作任务更相关的目标可能是由回避动机所驱动的

（Elliot et al.，2006）。个体通过自我调节，驱动其更少的利他行为和更多的工作任务行为来实现更高水平的工作绩效。

尽管长期而言，关系目标的资源自我调节可能有助于提高任务绩效（Ozer，2011；Wang et al.，2005），但由于利他行为需要消耗资源（Joireman et al.，2006），新员工的利他行为可能会削弱其直接的工作表现。实际上，近期关于员工利他行为的研究已揭示其对与资源相关成果的负面影响，尤其是对个人任务绩效和职业前景的负面影响（Bergeron，2007；Bergeron et al.，2013；Koopman et al.，2016）。因此，在这两个相互冲突的动机目标之间的资源自我调节成为许多新员工所面临的突出困境，如何平衡它们是新员工社会化和适应文献中反复出现的主题（Bauer et al.，2007）。根据目标冲突管理理论（Goal conflict management theory），新员工很可能根据他们的长期动机倾向（趋近型或回避型），通过利用自我控制资源（自我控制的核心认知过程）来在趋近型关系目标和回避型任务目标之间分配其时间、精力等资源（Baumeister et al.，2007）。理论和经验证据表明，由于个体的自我控制资源是有限的，而且会被耗尽（Baumeister et al.，1998，2007），随着时间推移，个人根据长期动机倾向有意识地进行自我调节的能力可能是有限的。事实上，Cavallo等人（2012）发现，随着个体自我调节资源的耗尽，个人实施其偏好的自我调节目标的能力降低，而更有可能将资源分配给那些对他们来说更为迫切的目标。这个结果表明，对于那些自我调节资源在入职过程中消耗过大的新员工来说，有可能会观察到其利他行为的分离现象，即当与任务相关回避型目标更加凸显时，个体的利他行为表现为下降趋势；而当与关系相关的趋近型目标更加凸显时，个体的利他行为表现为上升趋势。

在新员工面临不确定性情境时（Bauer et al.，2007），往往会倾向于与任务相关的回避型目标，而非与关系相关的趋近型目标。研究表明，无论一个人的长期动机倾向如何，在自我控制资源耗尽的条件下，以回避倾向的目标都会被高度激活（Cavallo et al.，2010；Downey et al.，2004）。事实上，Cavallo 等人（2012）发现，当个体的自我控制资源被耗尽时，即使那些倾向于趋近型目标的人也倾向于采取回避型行为。这个发现可能特别适用于在工作中面临需证明自己的压力的人（如新员工）。这些人对任务表现的重视程度高于对帮助同事的重视程度（Bergeron et al.，2013）。此外，由于新员工可能认为利他行为会消耗本来该用来实现当前工作任务目标所需的资源（Gabriel et al.，2018；Lanaj et al.，2016），当新员工在关系行为与任务行为之间重新分配资源时，他们所面临的情境压力可能会促使他们倾向于工作任务目标，从而呈现出一种向下倾斜的利他行为动态趋势。

尽管如此，也不排除在一些新员工中可能表现出利他行为的上升趋势（Methot，2016）。这些新员工对自己的新的工作角色抱持较为乐观的态度，因此对做出利他行为会更少顾虑。激发这种乐观思维以及由此产生的上升趋势的利他行为的潜在条件可能是增加关系导向目标的显著性。然而，这种呈现上升趋势利他行为轨迹可能是所有三种趋势中最不常见的。这不仅是因为个体控制资源消耗激发了其保护资源的倾向，从而导致回避倾向的任务目标凸显（Baumeister et al.，2001），还因为投入利他行为而非工作任务导致的绩效损失成本可能比因为利他而产生的未来的互惠性利益要更大（Bolino & Grant，2016；Hobfoll，1989）。

此外，在新员工入职期间，符合个人长期动机目标的稳定的利他行为可能是最普遍的。目标冲突管理理论认为，即使在那些经历了执行资源枯竭的人中，维持现状与个人长期动机倾向的隐性倾向也会促使其对目标冲突进行相对稳定且自动化的反应（Cavallo et al.，2012）。如果说长期动机倾向是新员工在趋近型关系目标和回避型任务目标之间分配资源的基础，那么基于新员工对组织情境中这些目标之间的平衡维持，他们应该表现出相对稳定（平缓）的利他行为趋势。对利他行为的平缓趋势的预测也符合现状偏好理论（Kahneman et al.，1991；Samuelson & Zeckhauser，1988）。该理论认为，尽管个体有能力通过调整对关系目标与任务相关目标的重视程度，来节省甚至获得资源，但新员工在更深入地了解如何以及何时可以更确定地通过调整目标来最大化他们的收益之前，还是可能会保持一定水平的利他行为。由于新员工可能需要数周乃至数月的时间才能减少进入新环境的不确定性，即使是经历了自我控制资源耗尽的新员工，也可能继续表现出相对平缓的利他行为趋势。

综上，本研究做出如下假设：

假设6：利他行为可能呈现平缓、上升和下降三种趋势，其中：（a）最常见的是平缓趋势；（b）最少见的是上升趋势。

第五章　组织中可持续
利他的形成机制

　　组织中可持续利他行为的形成机制的模型基于主动性动机模型（Model of Proactive Motivation）（Parker et al., 2010）构建。主动性动机模型是用来解释个体主动性行为形成机制的理论框架，涵盖个体与情境前因、主动性动机状态中介、主动性目标设定和努力，以及主动性目标实现的后果等概念。在主动性动机模型中，主动性（Proactivity）被认为是一个目标导向、未来导向以及变革导向的行为或过程。主动性目标寻求包括主动性目标设定以及主动性目标努力两个部分。其中，主动性目标设定包括对未来的行为制订长期计划等，而主动性目标努力则包括克服短期的障碍、自我调节等。对于主动性目标的设定和努力，有三个前因机制，分别是应做（Reason to），即有理性地认知自身有内在动机或认同感去做；想做（Energized to），即情绪状态有趋势而去做；以及能做（Can do），即具备高自我效能感、知觉到低损失等。而个体和情境因素又可能对这三个前因机制产生影响。

　　鉴于利他行为是个体在工作职责之外主动自愿做出的助人行为（Organ，1988），本研究引入主动性动机模型来建构可持续利他行为的形成机制模型。具体地，本研究将考察个人因素（公正世界信念、资质过剩感）及情境因素（道德型领导、辱虐式管理、工作家庭冲突）如何通过"想做"路径（感恩、心理特权、英雄主义）、"应做"路径（组织关注、印象管理）以及"能做"路径（互惠认知、职业适应力）分别影响利他行为的目标设定（长期趋势性）和目标努力（短期波动性）。

5.1 可持续利他的"想做"路径机制

5.1.1 感恩与可持续利他

5.1.1.1 感恩的定义与理论背景

本研究认为感恩（Gratitude）、心理特权（Psychological entitlement）、英雄主义（Heroism）能够作为"想做"动机状态的指标，对可持续利他行为产生影响。感恩（Gratitude）是人类社会中一个典型的积极概念。在过去几十年里，感恩作为一种重要的积极心理学领域的研究对象，受到了越来越多的关注。关于什么是感恩，存在着不同角度的定义。有学者认为感恩是一种关注和欣赏环境中积极事物的人生倾向性（Wood et al.，2010）；有人认为感恩是一种人际关系中的心理力量，代表个体能够意识到从他人那里得到了利益或收益（Kleiman et al.，2013）；也有人认为感恩是一种道德美德、态度、情感、习惯、人格特质以及应对反应（Emmons et al.，2003），例如承认自己是别人善意的受益者（McCullough et al.，2002）；还有人认为感恩特指个体因为受益于他人自愿、有意识且有所付出的行为（如礼物等）（Emmons & Crumpler，2000）而感知到的情绪（Mccullough et al.，2008；Tsang，2006a），是对他人善意的帮助或礼物的发自内心的感激（McCullough et al.，2001）。当人们从他人为他们所做的有意识且自愿的努力中受益时，他们会感到感激（McCullough et al.，2008）。关于感恩到底是一种人格特质还是情绪状态，目前虽然尚存在一些争论，但基本共识是，感恩可以在不同的分析层面上被概念化（McCullough et al. , 2004）。感恩既可以是一种相对稳定的情感特质，也可以是一种具有波动性的情感状态或情绪体验（McCullough, Emmons & Tsang, 2002）。其中，特质感恩属于人格特质，是个体倾向于关注并感激生活中的积极面而衍生的情感特质，代表了个体长期以来对于感恩情绪的体验和感受程度，是一种相对稳定的个体倾向；而状态感恩是一种情绪状态，是个体在一定情形下（如受到他人善意提供的恩惠时）所产生的一种感激和愉悦的情绪感受。感恩情绪在全世界各地的人群中普遍存在，具有跨越不同文化和语言的普适性（McCullough et al. , 2001），甚至在非人类灵长类动物的行为中也可以观察到感激之情（McCullough et al. , 2008）。

感恩行为可以从若干理论视角来理解。例如，从社会交换理论（Social Exchange Theory）出发，根据该理论，个体在社会互动中通过遵循互惠原则并相互提供支持与协助从而实现长期的合作关系（Homans, 1958）。在此背景下，感恩被视为社会交换过程中的核心情感要素，有益于维护人际关系的稳定与和谐（Gouldner, 1960）。另一个视角是道德情感视角（Fredrickson, 2004）。作为一种道德情感，感恩能够激励个体回报他人的善意行为，进而形成积极的社会循环。这一循环不仅促进了个体间的信任与合作，还对提升个体心理健康和幸福感具有积极影响（Fredrickson, 2004）。

5.1.1.2 感恩的结果

已有研究发现，无论是特质感恩还是状态感恩，都与一系列的积极结果相联系（Froh et al. , 2009；Lambert et al. , 2010）。首先，感恩对个体的身心健康有积极的影响（Froh et al. , 2009；Hill et al. , 2013）。例如，在生理层面，感恩与更高的主观睡眠质量、更多的睡眠时间，以及更少的睡眠潜伏期和日间紊乱正相关（Wood et al. , 2009），可以提升个体的身体健康（Emmons & McCullough，2003）。在心理层面，感恩可以增加自我同情（Breen et al.，2010）、同理心（McCullough et al.，2002）和认知重评（Bryan et al.，2018），带来更积极的心理状态，如热情、坚定、专注（Emmons & McCullough，2003）和需求满足（Tsang et al.，2014），减少孤独感（Breen et al.，2010）、情绪困难（You et al.，2018）、压力（Lee et al.，2011）、情绪耗竭与玩世不恭（Lee et al.，2011）、抑郁（Wood et al.，2008）、被人伤害后的愤怒反应（McCullough et al.，2002）、报复动机（Rey & Extremera，2014）、创伤后应激障碍（Kashdan et al.，2006）和自杀倾向（Stockton et al.，2016），提升幸福感（Toussaint & Friedman，2009）和生活满意度（Froh et al.，2010；You et al.，2018）及婚姻满意度（Gordon et al.，2011）在内的整体心理健康水平（Kashdan et al.，2006；Toussaint & Friedman，2009）。

目前已有部分研究针对感恩和利他行为关系做出探索，发现感恩在普遍意义上对利他行为可能会有一定程度的正向预测作用。感恩作为个体对施恩者或他人的一种积极的情绪反应，被认为是亲社会行为的主要动力来源之一（McCullough et al.，2008）。一个拥有感恩情绪的人会对他人表现出更强的亲社会倾向（Baron，1984；Graham，1988；Peterson & Stewart，1996），呈现出更积极的社会支持与应对方式（Lin，2016）和更高水平的人际信任（Drążkowski et al.，2017），可以更好地维持人际关系（Algoe，2012）并做出更多捐助行为（Liu & Hao，2017）等亲社会行为（Froh et al.，2010）和更少的破坏性人际行为（Baron，1984）。简单来说，感恩的人表现得更慷慨，更有爱心，会给他人提供更多的情感支持和有形的帮助（Emmons & McCullough，2003）。

应该看到，感恩对个体与社会的影响存在着一些边界条件。当帮助对施助者来说成本很高，而且施助者是出于善意并无偿给予时，受助者的感恩水平就会很高（Tsang，2006b）。同时，如果帮助是来自陌生人、熟人和朋友，个体的感恩水平比这个帮助是来自父母和兄弟姐妹等亲属的要更多（Bar – Tal et al.，1977）。

5.1.1.3　感恩的影响因素

近年来，感恩的影响因素已成为学者们的关注焦点，研究发现个体特质、社会文化因素和心理干预等因素会共同塑造个体的感恩行为。首先，在个体水平上，心理特征和生活经历会对感恩有显著影响。乐观主义、自尊、情绪智力等个人特征与感恩存在正向关系（Gordon et al.，2012；Wood et al.，2010）。此外，生活经历如童年经历、生活满意度和心理创伤等可能影响个体的感恩水平（Froh et al.，2009；Seligman et al.，2005）。幸福感也被认为是影响感恩的重要因素，幸福感高的个体更有可能保持感恩（Lyubomirsky et al.，2005）。研究还发现，年龄和生命周期阶段对感恩的体验和表达也有影响。例如，成年人相较于青少年，更倾向于表达感恩（Kashdan et al.，2009）。随着年龄增长，感恩的认识和表达逐渐成熟（A. M. Gordon et al.，2012）。亲子关系和教育也是影响感恩的重要因素。研究表明，亲子关系中的支持和温暖对儿童感恩的培养具有积极作用（Rothenberg et al.，2017）。

社会因素在影响感恩方面同样起着重要作用。人际关系及其联系人在影响个体感恩方面具有显著作用。这些关系的紧密程度、给予者的身份地位以及赠与的性质都可能影响感恩的程度（Algoe et al.，2013）。亲密关系、友谊、亲属和同辈关系是激发感恩的主要关系类型，其中亲密关系和友谊尤为关键（Algoe & Zhaoyang，2016；N. Lambert et al.，2010）。另一方面，社会环境中的支持资源和机会如家庭经济状况、教育程度和社会安全感等也可能间接地影响个体的感恩水平（Bronfenbrenner，1979；DeLeire &

Kalil，2010）。同时，社会比较也是影响感恩的一个重要因素。过度关注他人的优势和自己的不足可能导致感恩水平降低（Emmons & McCullough，2003）。在组织背景下，领导力风格和组织氛围也会影响员工的感恩。研究发现，具有变革型领导特质的领导者更容易激发员工的感恩情感（Bass & Riggio，2006）。

最后，心理干预可以有效提高感恩水平。研究表明，通过实施感恩日志、感恩信和感恩访谈等干预方法，可以显著提高个体的感恩水平（Emmons & McCullough，2003；Lyubomirsky et al.，2011；Seligman et al.，2005）。此外，定期进行感恩练习和借助移动应用程序进行感恩训练也可以有效提高个体感恩水平（Killen & Macaskill，2015）。

5.1.1.4 感恩对可持续利他的影响

本研究认为感恩作为一种"想做"动机状态会促进个体的利他行为。一方面，感恩作为一种个体受到他人恩惠而产生的道德情感反应，可能会驱动最初的利他行为产生。根据主动性动机模型（Parker et al.，2010），在社会交换中，当个体知觉到他人的慷慨恩惠时，会激活自身对他人的慷慨恩惠倾向，并促使个体在日常的瞬间进行利他行为（Blau，1964；Parker et al.，2010）；另一方面，感恩通过拓延建构个体心理资源，可以弥补利他行为的资源消耗，持续地为利他行为"赋能"。感恩作为一种积极情感，可以拓展个体对职场和生活中正面事件的捕捉能力，为个体提供积极的思考框架和生命意义、带来积极心理资源并提升个体幸福感。主动性动机模型认为，个体要想实现持续主动的利他行为，需要不断有心理资源的注入（Parker et al.，2010）。跨文化研究发现，在亚洲集体主义文化下，感恩的社会认知并非一次性的心理债券偿还，其作用在短期内并不会因为恩惠的偿还而突然消失，因此，至少在中国情境下，感恩对利他行为的积极作用会在短期的一段时间内保持相对稳定。综上，本研究提出假设：

假设7a：感恩正向影响利他行为的初始水平（截距）。

假设7b：感恩负向影响利他行为的短期波动（方差）。

5.1.2 心理特权与可持续利他

5.1.2.1 心理特权的定义与理论背景

心理特权的概念源于对自恋的研究。作为自恋的核心组成部分，心理特权是一种感到有权利获得对其有利的结果（Snow et al.，2001），或感到有权利获得优待、可以被豁免社会责任的主观信念或知觉（Campbell et al.，2004）。心理特权感往往存在于有各种交换发生的社会关系中，个人由于参与了某种社会关系而感到自己有权获得特定的结果（Naumann et al.，2002）。与感恩类似，心理特权也是一个跨不同文化和语言情境普遍存在的现象，在不同的环境下都存在这些有偏见的自我认知（Campbell et al.，2004）。

以往关于心理特权的研究，要么将其看作是一种人格特质，具有跨时间的稳定性和跨情境的一致性（Brouer et al.，2011；Harvey & Harris，2010；Harvey & Martinko，2009），即个人无论能力或表现水平如何，都会期望得到高水平的奖励或优惠待遇（Campbell et al.，2004；Naumann et al.，2002）；要么将其看作是一种心理状态，即在某种特定情形下才会出现的状态性特征（Zitek et al.，2010）；或者认为其兼具人格特质和心理状态两种属性（Fisk，2010；Naumann et al.，2002；Yam et al.，2017）。

5.1.2.2　心理特权的结果

心理特权对个体和组织产生了广泛的影响，可能导致一系列不良后果。首先，心理特权可能导致与工作有关的挫败感（Harvey & Harris，2010）。同时，心理特权感高的个体可能会抵制工作中的负面反馈（Campbell et al.，2004）。此外，心理特权还可能导致个体在工作场合表现出更多的攻击行为（Campbell et al.，2004）和虐待行为（Harvey & Martinko，2009），从而影响团队协作和工作效率。此外，心理特权可能导致个体更低的工作满意度和更高的离职倾向（Harvey & Martinko，2009）。与此同时，心理特权可能导致个体在工作中表现出较低的主动性行为（Brummel & Parker，2015）和更多的自私行为（Zitek et al.，2010）。在决策方面，心理特权可能导致个体在决策过程中出现偏差（Fast et al.，2012）。过高的心理特权感还会限制个体的创新能力（Gino & Ariely，2012）。不过，也有研究发现，在某些竞争激烈的环境中，心理特权可能使个体更加自信、果断和有创造力，从而提高工作绩效（Galinsky et al.，2003）。然而，这种积极影响也受到多种因素的制约，如组织文化、领导风格和同事关系等（Lammers & Stapel，2011）。

5.1.2.3　心理特权的影响因素

心理特权的产生和发展受到多种个人和社会文化环境因素的影响。在个人因素方面，高自恋倾向的个体更容易产生心理特权（Campbell et al.，2004）。自恋者通常认为自己比他人更优秀、更重要，因此更容易产生特权意识。此外，心理特权还可能与其他性格特质有关，如权力欲（Magee & Galinsky，2008）和过度自信（Anderson et al.，2012）。类似地，高自尊（Twenge & Campbell，2003）和高自我效能感与心理特权之间存在正相关关系（Fast et al.，2010；Sherman，2015）。同时，权力欲望与心理特权之间也存在正向关系（Keltner et al.，2003；Magee & Galinsky，2008），具有强烈权力欲望的个体往往认为自己应当拥有更高的地位和更多权力，从而容易产生心理特权（Lammers et al.，2010）。个体的社会地位对心理特权的产生和发展具有重要影响。研究发现，社会地位越高，个体越容易产生心理特权（Kraus et al.，2011；Magee & Galinsky，2008），原因可能是高地位导致个体过度强调自身优势，从而提升了其心理特权感（Sidanius & Pratto，1999）。此外，高认知水平可能导致个体产生优越感，从而产生心理特权（Kruger & Dunning，1999）。值得注意的是，道德观念与心理特权之间存在负相关关系（Aquino & Reed，2002；Haidt，2001），具有较高道德观念的个体更可能对特权问题持批判态度，从而抑制心理特权的产生。然而，如果道德观念过于严格，也可能导致个体过度关注自身道德品质，从而产生心理特权（Monin & Miller，2001）。

心理特权的产生和发展同样受到环境因素的影响，如家庭背景、社会经济环境、教育背景和职业环境等。研究发现，家庭环境中过度溺爱和过度关注个体成就的教育方式容易导致心理特权的产生（Twenge & Campbell，2003）。此外，在富裕家庭中长大的个体可能认为自己拥有特殊地位和权力，从而容易产生心理特权（Piff，2014）。在社会经济地位较高的群体中，心理特权现象更为普遍（Kraus et al.，2011）。

心理特权的产生和发展还受到组织因素的影响，如组织环境、组织文化、领导风格、工作氛围和奖励制度等。首先，组织环境对心理特权的产生和发展具有重要影响。研究发现，在具有竞争性和等级性的组织环境中，心理特权现象更为普遍（Keltner et al.，2003；Magee & Galinsky，2008）。相反，在具有合作性和平等性的组织环境中，心理特权现象较少（Tyler & Lind，1992）。其次，组织文化对心理特权的产生也有影响。在强调等级和竞争的组织文化中，心理特权现象更为普遍（Schein，2010；Tyler & Lind，1992）。再次，领导风格对心理特权的产生和发展有影响。研究发现，权威型领导和自恋型领导容易诱发下属产生心理特权（Rosenthal & Pittinsky，2006）。相反，民主型领导和服务型领导可能有助于抑制心理特权的产生（Graen & Uhl-Bien，1995；Greenleaf，2002）。从次，工作氛围对心理特权的产生有影响。在竞争激烈、压力大的工作氛围中，心理特权现象更为普遍（Pfeffer & Langton，1993）。相反，在和谐、友好的工作氛围中，心理特权现象可能较为罕见（Tyler & Lind，1992）。最后，奖励制度对心理特权的产生和发展也具有重要影响。过度强调个人绩效和地位的奖励制度容易导致心理特权的产生（Kohn，1993；Pfeffer & Langton，1993）。相反，在强调团队合作和公平的奖励制度中，心理特权现象可能较为罕见（Tyler & Lind，1992）。

心理特权的产生和发展同样受到文化因素的影响，如国家文化、宗教信仰和价值观等。首先，国家文化对心理特权的产生具有重要影响。研究发现，在个人主义文化中，心理特权现象更为普遍（Hofstede，1980；Triandis，2005）。相反，在集体主义文化中，心理特权现象可能较为罕见，因为这种文化强调团队合作和群体利益（Hofstede，1980；Triandis，2005）。其次，宗教信仰对心理特权的产生和发展具有影响。研究发现，某些宗教信仰可能导致心理特权现象（Emmons，2000）。例如，在某些宗教信仰中，信徒认为自己拥有神圣的地位和特殊的使命，从而容易产生心理特权。然而，某些宗教信仰强调谦卑和服务他人，这可能有助于抑制心理特权的产生（Emmons，2000；Saroglou，2002）。最后，价值观环境对心理特权的产生具有重要影响。研究发现，在强调成功、竞争和地位的价值观环境中，心理特权现象更为普遍（Inglehart，1997；Schwartz，1999）。相反，在强调平等、合作和谦卑的价值观环境中，心理特权现象可能较为罕见（Inglehart，

1997；Schwartz，1999）。

5.1.2.4　心理特权对可持续利他的影响

本研究关注状态性的心理特权，并认为心理特权会负向影响个体的利他行为。首先，高心理特权感的人会有一种"有权利被优待的、不合理的期望"。这种"期望"削弱了个人的认知努力的动机（Harvey & Martinko，2009），并降低了个人的亲社会动机（Hart et al.，2019），这与利他行为需要个体积极主动展现利他行为的特征背道而驰。其次，个体心理特权水平越高，越容易觉得自己在社会交换关系中处于不利一方，因而越不可能从事利他行为。同时，心理特权水平高的个体倾向于将好的结果归功于自己，将失败归罪于他人，因此更可能疏远或责备他人，而不是做出利他行为（Exline et al.，2004）。最后，心理特权作为一种心理状态，受到很多情境因素的影响。即使在某个时间点高心理特权的个体做出了有利于组织的行为，也只是更加强化了他的特权感，从而觉得自己更应该被优待。因此，至少在一段时间内，高心理特权个体会表现出相对稳定的、波动性较低的低水平利他行为。因此，本研究提出假设：

假设8a：心理特权负向影响利他行为的初始水平（截距）。

假设8b：心理特权负向影响利他行为的短期波动（方差）。

5.1.3　英雄主义与可持续利他

5.1.3.1　英雄主义的定义与理论背景

英雄主义指的是个体做出对自己和他人有重大利益但对自身而言风险极大的行为（Franco et al.，2011）。英雄主义行为通常是出乎意料的，超越了人类基本的生存和自利动机。英雄主义起源于人类的生存需求以及群体的发展，这将促使个体采取具有风险的行为，去改善自己和他人的处境（Kinsella et al.，2015）。此外，英雄主义被认为是一种社会建构，意味着社会各界对英雄行为的认同和期许，从而使个体具备为他人付出、承担风险的准备（Franco et al.，2011）。

英雄主义可以从多个视角来定义。研究者最初关注英雄主义的特质，认为英雄主义是一种特定的品质，表现为敢于冒险、勇敢和无私等特点（Allison et al.，2016）。后来的研究则认为英雄主义应该从行为的角度来定义，即英雄们进行有风险和社会效用并存的行为，包括拯救生命、改善社会等方面（Becker & Eagly，2004）。近年来，英雄主义的定义也出现了更多的发展，包括道德英雄主义与生活英雄主义等概念（Kinsella et al.，2015）。

5.1.3.2 英雄主义的结果

英雄主义可以影响个体心理与行为、群体文化乃至社会和谐稳定。首先，在个人层面，英雄主义激发的无私和勇敢行为可以提高个体的自尊和自我评价（Allison & Goethals，2013）。其次，参与英雄行为的人往往能够获得更高的社交地位，从而为他们带来更多的社交支持、人际关系质量及群体认同感（Franco et al.，2011）。最后，英雄主义对于社会和谐稳定具有积极影响。研究者指出，在历史和现代社会中，英雄主义和公民道德、伦理行为有着密切联系，可以作为一种社会调节机制，对于社会矛盾和冲突具有积极的调和作用（Allison，2016）。

5.1.3.3 英雄主义的影响因素

英雄主义的影响因素主要包括个体心理特质、环境因素、文化背景等多方面。在人格特质方面，从大五人格特征来说，具有高水平的开放性、责任心、外向性、宜人性和情绪稳定性的个体更容易做出英雄主义行为（Becker & Eagly，2004）。类似地，具有高自主性、坚定性、自信心和高度的社会责任感的个人也更容易做出英雄主义行为（Franco et al.，2011）。自我效能感也有类似的作用，如果个体认为自己的行为能在某种程度上改变现状，那么他们在面临英雄主义行为的选择时，也更可能表现出勇敢和积极的一面（Bandura，1977）。

此外，环境因素在英雄主义行为的发生中也起到了重要作用。一个支持性、鼓励性和安全的环境更容易孕育出具有英雄主义倾向的个体（Greenleaf，2002）。相反，一个充满竞争、压力和敌对的环境可能会抑制英雄主义行为的发生（Franco et al.，2011）。此外，人际关系的紧密程度也会影响英雄主义行为的发生。例如，当个体与受助者具有较紧密的社会联系时，他们更可能产生英雄主义行为（Piliavin & Charng，1990）。

除了具体的行为情境外，更大的文化背景对英雄主义行为的影响也不容忽视。在个人主义文化中，个体更关注自我价值的实现，英雄主义行为可能更多地体现在追求个人的荣誉、地位和权力（Hofstede，2001）。而在集体主义文化中，个体更关注团体利益，英雄主义行为可能更多地表现为维护集体利益、遵循社会道德规范以及关心他人（Triandis，2005）。

5.1.3.4 英雄主义对可持续利他的影响

根据主动性动机模型（Parker et al.，2010），英雄主义对可持续利他行为的作用，可能是通过情绪驱动的"想做"（energized to）路径而产生。一方面，个体在选择做出英雄主义行为时，往往是凭借冲动的直觉（Franco et al.，2016），而非经过理性权衡自身的利弊得失、思考是否应该做出这一行为后选择做出的行为。另一方面，在不公正面前，英雄主义水平更高的个体会更加倾向于站起来、说出来，并采取英勇行动，对抗欺凌、偏见、不公正的权威以及旁观者的冷漠（Franco et al.，2016）。因此，英雄主义可能导致个体更高的利他行为初始水平。

然而，英雄主义动机同样可能导致利他行为的"脉冲式"特征。根据英雄主义的定义，帮助他人的过程往往伴随着自身情绪、精力或者资源的耗竭。由于英雄主义的不顾个人风险、不求额外收获的特性，个体从事英雄主义行为后将伴随着自身身体、物质、情绪或是精力资源的大量消耗，并且得不到相等程度的补充。甚至在极端情况下，例如因为英雄主义行为付出生命代价时，就自然失去未来继续进行利他行为的可能。因此，由于资源消耗巨大且缺乏足够资源补充的特点，英雄主义导致利他行为出现波动性的可能相对较高。基于上述分析，本研究作出以下假设：

假设9a：英雄主义正向影响利他行为的初始水平（截距）。

假设9b：英雄主义正向影响利他行为的短期波动（方差）。

5.2　可持续利他的"应做"路径机制

5.2.1　组织关注与可持续利他

5.2.1.1　组织关注的定义与理论背景

本研究认为组织关注（Organizational concern）、印象管理（Impression management）能够作为"应做"动机状态的指标，对可持续利他行为产生影响。组织关注是组织公民行为动机的一个核心维度，体现的是员工对组织的关心和投入程度（Organ，1988），反映出员工与组织之间紧密的心理联结（Mowday et al., 1979；Rioux & Penner, 2001）。从本质上讲，组织关注是员工关注组织和同事的福祉，并愿意付出额外努力以提高组织绩效的行为表现（Podsakoff et al., 2000；Rioux & Penner, 2001）。这种关注体现在员工对组织的忠诚度上，以及他们愿意为组织的成功而付出额外努力（Mowday et al., 1982）。组织关注可以被认为是一种内在动机，它源于员工对组织的价值观和目标的认同（Meglino et al., 1989）。

5.2.1.2　组织关注的结果

组织关注在组织中的影响主要集中在组织公民行为、工作满意度、组织承诺、员工离职意向等方面。首先，组织关注被认为是推动员工为组织利益作出额外贡献的主要动机之一（Podsakoff et al., 2000）。许多研究表明，组织关注与组织公民行为之间存在着显著的正相关关系（Borman & Motowidlo, 1993；LePine et al., 2002）。具体表现为员工对组织的关注程度越高，其组织公民行为水平越高，反之亦然（Organ et al., 2006）。其次，组织关注与工作满意度间存在显著的正相关关系，员工对组织的关注程度越高，其工作满意度也越高。再者，研究者发现组织关注与组织承诺间存在着显著的正向关系（Meyer et al., 2002；R. Mowday et al., 1979），这意味着员工对组织的关注程度越高，其对组织越忠诚，越愿意为组织付出更多（Angle & Perry, 1981）。最后，员工组织关注越高，其离职倾向越低，留任率越高（Griffeth et al., 2000；Tett & Meyer, 1993）。这是因为，当员工对组织的关注度较高时，他们更可能认为组织能够为他们提供更好的职业前景和个人发展机会，因此更愿意留在组织内发展（Allen & Meyer, 1996）。

5.2.1.3　组织关注的影响因素

影响组织关注的因素包括组织因素及个人因素等。首先，个体的组织认同感对组织关注有重要影响。员工对公司的价值观理念越认同，他们的组织关注度就越高（Mael & Ashforth，1992）。其次，工作满意度越高的员工，对组织关注度越高（Organ & Ryan，1995）。此外，领导风格也会影响员工组织关注。支持型领导通过倾听员工需求、给予支持和尊重以提高员工的工作满意度与组织关注程度（Vigoda – Gadot，2007），而变革型领导则可以通过激发员工的潜在能力并展示愿景来提高员工对组织的忠诚度和关注程度（Bass，1985）。类似地，支持性、公平性和尊重个人差异的组织氛围会鼓励员工积极互动、协作（Deal & Kennedy，1982），有助于激发员工的组织关注度（Eisenberger et al.，1986）。最后，员工个体特征也是影响组织关注的重要因素。例如，高情绪智力的员工往往具有较高的组织关注度和组织公民行为（Goleman，1995）。此外，员工的心理资本（自信、希望、乐观和韧性）也与组织关注度相关。心理资本越高的员工，对组织的关注度越高（Luthans et al.，2007）。

5.2.1.4 组织关注对可持续利他的影响

主动性动机模型指出，"应做"动机能够解释个体为什么选择或坚持特定的主动目标（Parker et al.，2010）。组织关注体现了员工对组织能因其行为而获益的期待，是一种典型的反映个体"应做"状态的指标。因此，本研究认为，高组织关注动机的员工会积极开展利他行为以实现个人和组织的目标。目前也有部分实证研究发现了组织关注动机与一般组织公民行为水平（Halbesleben et al.，2010；Takeuchi et al.，2015）或特定组织公民行为间的关系（Finkelstein，2006；Klotz et al.，2018）。此外，在对组织关注如何影响利他行为的机制探讨中，研究发现组织关注与员工的组织承诺、组织公平与组织支持感有强相关性（Rioux & Penner，2001）。组织关注水平高的个体会更加关注组织利益，模糊个人利益和集体利益的界限，因此更可能承担薪酬较低的任务，并愿意为组织做出不同程度的牺牲（Halbesleben et al.，2010）。由此，本研究认为，拥有较高水平组织关注动机的员工，更可能一开始就表现出高水平的利他行为。并且，由于组织关注动机指的是对组织价值观和目标的认同，具有相对稳定性，因此它对利他行为的影响可能是长期持续的，即具有高组织关注动机的员工可能更有意愿持续稳定地进行利他行为。因而，本研究提出假设：

假设10a：组织关注正向影响利他行为的初始水平（截距）。

假设10b：组织关注正向影响利他行为的长期趋势（斜率）。

5.2.2 印象管理与可持续利他

5.2.2.1 印象管理的定义与理论背景

印象管理（Impression management，IM），指的是个体为了达到某种目的而通过调整自己的言谈举止以达到预期形象，从而有意识地影响他人对自己的看法、感知和评价的过程（Leary & Kowalski，1990）。在组织公民行为动机中，印象管理是指员工通过表现出超越职责范围的行为来塑造自己在组织中的形象和声誉（Bolino，1999；Rioux & Penner，2001）。印象管理动机源于员工对自身在组织中地位和声誉的关注，以及对组织内部竞争和职业发展的期望（Wayne & Ferris，1990）。印象管理策略可分为两类：自我提升策略和其他增进策略，其中自我提升策略是个体通过夸大自己的成就和能力来提升自己的形象，例如自夸、自我宣传等。其他增进策略则是通过与他人建立良好关系来提升自己的形象，例如恭维、帮助他人等（Turnley & Bolino，2001）。

印象管理行为可以通过象征互动论（Symbolic interaction theory）来理

解。象征互动论认为，个体自我概念的构建和表达是通过与他人互动的过程形成的。个体会借助他人镜像来进行自我调整（Mead，1934）。Cooley（1902）提出了著名的"镜像自我"概念，认为每个人的自我形象都是基于他人的反应来建立和调整的。在这种互动过程中，印象管理扮演了重要角色。Mead（1934）继承和发展了"镜像自我"理论，并提出了"主我"（I）与"客我"（Me）的区别，其中"主我"是个体意愿和行为主体，通过个人的行为与反应体现，而"客我"则是体现他人对自身的社会评价和期待，是自我意识社会关系性的体现。在象征互动论视角下，印象管理可以看作组织中的个体为了营造积极形象，将自己与他人、团队以及组织的目标相融合的过程（Goffman，1959；Leary & Kowalski，1990）。在组织背景下，面对上级、同事和下属，可以通过印象管理维护他人对自己的评价，从而提高职业生涯成功的机会（Bolino et al.，2008）。印象管理在组织中表现出五种策略：奉承（Ingratiation）、自我提升（Self - promotion）、道歉（Apologies）、辩护（Justifications）和托辞（Excuses）（Arkin，1981；Higgins et al.，2003）。个体运用这些策略来增加他人对自己的认可和认同，进而促进个体对组织的融入和自身发展（Turnley & Bolino，2001）。

5.2.2.2　印象管理的结果

印象管理对领导力、个人职业发展、团队表现及组织结果等方面具有重要影响。在领导力方面，印象管理被认为是领导者提高领导效果的一个重要手段。领导者通过展示能力、信任和责任感等特质来塑造积极的领导形象（Higgins et al.，2003），从而提高团队成员的满意度和投入度（Wayne & Liden，1995）。同时，在个人职业发展方面，印象管理策略的运用有助于提高个体在职场竞争中的优势（Bolino et al.，2008）。在团队表现方面，印象管理对团队内部的互动和协作有积极影响（Hewlin et al.，

2017）。团队成员通过展示积极态度和行为来赢得他人的信任和支持（Turnley & Bolino，2001），从而可以促进团队的协作和创新能力（Bolino & Turnley，2003b）。在组织结果方面，印象管理对组织内部公平感的形成和维持具有重要作用（Leary & Kowalski，1990）。需要注意的是，印象管理策略的运用也可能带来负面影响。例如，过度依赖印象管理可能导致个体在职场中失去真实性（Bolino et al.，2008），可能导致组织内部的权谋斗争和不健康竞争，从而损害组织的氛围和效率（Bolino & Turnley，2003b）。因此，组织和个人需要在印象管理策略的运用中保持适度原则，避免过度追求形象塑造而忽视实际工作和团队协作（Hewlin et al.，2017）。

5.2.2.3 印象管理的影响因素

印象管理行为受到多种因素的影响，包括个体差异、组织文化和氛围、领导风格、工作特征等。首先，个体差异对印象管理行为的影响不容忽视。例如，自尊水平、自我监控能力和人格特征等因素可能影响员工在组织中使用印象管理策略的频率和效果（Gangestad & Snyder，2000；Leary & Kowalski，1990）。具体而言，自尊较高的员工可能更有可能采取积极的印象管理策略（Tice et al.，1995），而自我监控能力较强的员工可能在印象管理方面表现得更为灵活和成功（Snyder，1974）。其次，组织文化和氛围也对印象管理行为产生影响。在强调合作和团队精神的组织中，员工可能更倾向于使用其他增进策略来维护和改善人际关系（Gardner & Martinko，1988）。在领导风格方面，领导对员工的印象管理行为也有一定影响。研究发现，民主型领导和变革型领导更可能激发员工采取积极的印象管理策略，如帮助同事和积极参与组织活动（Bass & Riggio，2006）。此外，员工对领导的信任程度也可能影响他们在印象管理上的行为。在信任领导的情况下，员工可能更愿意采取积极的印象管理策略，以促进与领导的良好关系（Dirks & Ferrin，2002）。最后，工作特征也是印象管理行为的一个重要影响因素。任务复杂性、任务可见性和任务相关性等因素可能影响员工在工作中使用印象管理策略的程度（Morrison，1993）。

5.2.2.4　印象管理对可持续利他的影响

根据主动性动机模型（Parker et al.，2010），印象管理动机可以视作员工"应做"动机状态的指标，激励员工产生主动的目标并采取行动，为实现目标而努力。据此可以推理，印象管理动机水平高的员工，为了在他人眼中保持良好形象，会进行包括利他行为在内的角色外行为。前人研究也证实了印象管理动机可以被视为组织公民行为的潜在前因（Bolino，1999；Grant & Mayer，2009；Hui et al.，2000；Rioux & Penner，2001；Takeuchi et al.，2015）。然而，有研究发现，那些清楚认识到进行角色外行为有助于自身晋升的员工，往往会在一开始表现出高水平的组织公民行为，而在晋升后组织公民行为水平就随之下降（Hui et al.，2000）。该研究可能反映出，出于印象管理动机而进行的利他行为可持续性较低。还有学者基于资源保存理论和自我决定理论解释了印象管理动机与公民疲劳之间的正向关系（Qiu et al.，2020）。一方面，个人进行印象管理的过程实际上是一种自我控制的过程，会消耗个人资源。另一方面，印象管理动机下的自我管理更多地来源于外在动机，对于员工的激励作用较小，在此过程中员工会消耗较多的精力或资源。因此，员工被印象管理动机驱动而产生利他行为时，往往会感到疲惫不堪。根据上述研究发现，本研究认为，印象管理动机会让员工倾向于在一开始做出更高水平的利他行为，但由于印象管理动机带来的利他行为是短期功利性的，且需要消耗大量的资源进行自我调控，因而这种利他行为的长期持续性将会较差。由此，本研究提出假设：

假设11a：印象管理正向影响利他行为的初始水平（截距）。

假设11b：印象管理负向影响利他行为的长期趋势（斜率）。

5.3　利他行为的"能做"路径机制

5.3.1　互惠认知与可持续利他

5.3.1.1　互惠认知的定义与理论背景

互惠（Reciprocity）指的是"通过劳动分工实现人们彼此依赖的交换模式"（Gouldner，1960）。互惠认知（Reciprocal cognition）涉及个体如何在人际互动中理解、预测和解释他人的行为、情感和意图。互惠认知的核心思想是，个体在人际交往中会基于对他人行为和心理状态的解读来调整自己的行为和态度，从而实现互动的和谐与有效（Axelrod，1984；Fehr & Gachter，2002）。互惠认知的理论基础是社会交换理论（Social exchange theory），该理论认为个体在人际互动中寻求最大化自身利益的同时，也关注他人的利益和需求（Blau，1964；Emerson，1976）。这种互惠性思维在日常生活中广泛存在，如人们通常期望在给予他人帮助后得到相应的回报，或在受到他人关爱时报以关心和支持（Gouldner，1960）。

5.3.1.2　互惠认知的结果

互惠认知在不同领域和层面产生了广泛的积极影响，包括促进人际关系、提高团队合作与绩效、增强领导者的有效性、优化决策过程、提升道德和伦理水平。首先，在人际关系方面，互惠认知有助于建立和维护良好的人际关系（Rusbult & Van Lange，2003）。当个体能够准确理解他人的需求和期望时，他们更容易采取互惠性行为，如关心、支持和帮助，从而增进彼此之间的信任和亲密度（Gouldner，1960；Kelley & Thibaut，1978）。其次，互惠认知对团队合作和绩效也有积极影响。研究发现，团队成员具备较高互惠认知能力时，他们在协作过程中更愿意分享信息、资源和经验，从而提高团队的创新能力和绩效（De Dreu，Weingart & Kwon，2000；Grant & Berry，2011）。此外，互惠认知也有助于降低团队冲突，因为成员能够站在他人的立场考虑问题，从而更容易寻求共识和解决分歧（De Dreu & Weingart，2003；Deutsch，1973）。在组织领导方面，互惠认知对领导者的有效性具有重要影响。具备较高的互惠认知能力的领导者可以更准确地评估员工的需求、能力和潜力，从而制定更为合理的激励和培训政策（Day & Lance，2004；Mumford，2000）。此外，具备互惠认知能力的领导者更容易获得员工的信任和支持，因为他们能展示出对员工利益的关心和尊重（Dirks & Ferrin，2002）。

此外，互惠认知在决策过程中也发挥着重要作用。当个体在决策中考虑到他人的利益和期望时，他们更可能做出公正、公平和可持续的决策（Epley，2006；Loewenstein，1989）。这种以他人为本的决策方式有助于减少利益冲突，促进组织和社会的和谐发展（Deutsch，1973；Lind & Tyler，1988）。在道德和伦理方面，互惠认知同样具有重要价值。互惠认知有助于提高个体对道德规范的遵守，促进公平和正义的实现（Tyler & Lind，1992）。

5.3.1.3 互惠认知的影响因素

互惠认知受到诸多因素的影响，包括个体差异、社会环境、文化背景、组织情境等。首先，个体差异在互惠认知过程中起到关键作用。研究表明，高度共情的个体更容易形成互惠认知（Preston & de Waal，2002）。此外，心理学家发现，具有高自我监控能力的人更可能在社交互动中表现出互惠认知行为（Snyder，1974）。同时，人格特质也会影响互惠认知，如那些具有较高利他主义倾向的个体更可能关注他人的需求，从而形成互惠认知（Batson，2002）。此外，道德推理能力也是影响互惠认知的一个重要因素（Kohlberg，1981）。具有较高道德推理能力的个体能更好地理解他人的需求和期望，从而促进互惠认知的形成。同样，情绪智力（Emotional intelligence）也与互惠认知密切相关（Mayer & Salovey，1997）。具有较高情绪智力的个体能更准确地识别和理解他人的情绪，这有助于他们在社交互动中形成互惠认知。

其次，社会环境对互惠认知的影响不容忽视。同时，社会信任是影响互惠认知的重要因素，高社会信任水平有助于个体形成互惠认知（Uslaner，2002）。此外，研究还发现，亲密关系中的互惠认知受到关系满意度的影响（Rusbult et al.，2004）。在满意度较高的关系中，个体更倾向于展示互惠认知行为。此外，早期教育中的道德教育和情感教育对于培养互惠认知具有重要意义。文化背景也是影响互惠认知的重要因素。研究发现，集体主义文化中的个体更可能关注他人需求，从而形成互惠认知（Triandis，2005）。而在个人主义文化中，个体可能更关注自身利益，互惠认知的形成受到一定限制（Markus & Kitayama，1991）。

组织情境因素同样会对互惠认知产生影响。例如，领导风格对互惠认知的形成也有一定影响，具有变革型领导风格的领导者更注重与下属建立互惠关系，有利于互惠认知的发展（Bass & Riggio，2006）。组织氛围和组织公平感会影响互惠认知的形成（Colquitt et al.，2001）。在积极、和谐的组织氛围中，员工更容易形成互惠认知。当员工感受到组织的公平待遇时，他们也更愿意关注他人需求，促进互惠认知的形成。实证研究表明，当个体面临资源紧缺时，互惠认知的表现会受到限制（Pillutla & Murnighan, 1996）。另外，权力差异也会影响互惠认知的形成，权力不对称的情境下，互惠认知可能会受到压制（Magee & Galinsky, 2008）。

5.3.1.4 互惠认知对可持续利他的影响

互惠认知对可持续利他行为的影响可以通过主动性动机模型中的"能做"路径实现。在组织中，通过互惠的社会交换关系，员工倾向于相信自己的利他行为可以得到补偿（但不一定是实物或金钱的报偿），这种互惠认知会让个体更愿意参与社会交换系统，或在组织中表现出超出工作职责的利他行为，如帮助有需要的同事等（e. g., Settoon et al., 1996）。换而言之，在人际互动中，个体相信通过互惠的过程，自身所得到的补偿要大于付出的成本，或者至少两者持平。因此，个体的互惠认知水平较高，反映的是其对社会交换系统的成熟性和持续性的信心。基于此，本研究认为个体的互惠认知水平对利他行为的初始值和可持续性都具有正向效应。一方面，他们相信自己的行为会换来他人的回报，因此更愿意主动表现出利他行为；另一方面，与英雄主义者不期望得到额外回报，从而导致自身资源损耗和利他行为短期内频繁波动相反，互惠认知水平较高的个体会更倾向于认为，自己表现出持续稳定的利他行为，可以得到社会交换系统持续稳定的报偿（不一定来自交换对方），因而其利他行为的持续性较强。由此，本研究提出假设：

假设12a：互惠认知正向影响利他行为的初始水平（截距）。
假设12b：互惠认知正向影响利他行为的可持续性。

5.3.2　职业适应力与可持续利他

如前所述（见第三章第一节），因为高水平的职业适应力代表个体拥有更多用于解决工作及职业问题的心理资源（Savickas，2013），根据主动性动机模型（Parker et al.，2010），职业适应力可以作为个体"能做"动机状态的指标。个体拥有较高水平的职业适应力，会相应地对自己做出的行为能够利他有更高的自信心，并有更高的责任感和自控能力让自己长期持续地做出利他性行为。换句话说，高水平的职业适应力不仅可以带来利他行为更高的初始水平，还可以让利他行为有更高的长期可持续性。因此本研究提出假设：

假设13a：职业适应力正向影响利他行为的初始水平（截距）。

假设13b：职业适应力正向影响利他行为的可持续性。

5.4　可持续利他的个体前因及中介机制

5.4.1　公正世界信念与可持续利他

5.4.1.1　公正世界信念的定义与理论背景

公正世界信念（Belief in a Just World，BJW）指的是个体相信自己和他人生活在一个公正有序的世界的信念（Lerner，1965；Lerner，1980；Lerner & Miller，1978）。持有高公正世界信念的个体倾向于认为遵守规则和道德的人应该受到赏识，而违反规则和道德的人应该受到惩罚（Jost &

Hunyady，2005）。Lerner 等人（1965；1980；1978）认为人们对公正的渴望是一种基本的心理需求，当人们观察到世界上的不公正现象时，他们可能会感受到心理上的紧张和不安。为了缓解这种紧张和不安，人们可能会通过改变自己的信念和行为来恢复公正世界观（Lerner & Miller，1978）。这种公正世界信念的激发可能是无意识的（Murray et al.，2005），即使这种信念可能是诋毁无辜受害者（Maes & Kals，2002）。自 Lerner 等首次提出公正世界信念的概念以来，众多研究者对这一概念进一步做了发展。Lipkus 等人（1996）把公正世界信念分为自我公正世界信念（BJWS）和他人公正世界信念（BJWO）两个维度。前者关注世界对自己的公正程度，后者关注世界对他人的公正程度。后来的研究者们将公正世界信念分为个人公正世界信念（Personal Belief in a Just World，PBJW）和普遍公正世界信念（General Belief in a Just World，GBJW）（Dalbert，1999）。其中，个人公正世界信念指的是个体认为自己所处的世界是公正的，而普遍公正世界信念是指个体认为整个世界是公正的（Dalbert，2001；Furnham，2003）。

5.4.1.2 公正世界信念的结果

公正世界信念对个体心理与社会功能都有重要影响。首先，在个体心理方面，公正世界信念与心理韧性、应对策略、生活满意度和心理症状之间存在密切联系。研究表明，具有较强公正世界信念的个体更能应对压力和挑战，显示出较高的心理韧性（Hafer，2000；Otto et al.，2006）。他们倾向于采用积极应对策略，以适应生活中的不公平现象（Dalbert，2001），从而维护自身的心理健康（Dalbert，2002）。因此，公正世界信念与较高的主观幸福感、生活满意度（Ucar et al.，2019）和心理健康（Hafer et al.，2020；张莉 & 申继亮，2011；Jian et al.，2021）以及较少的心理问题（如抑郁、焦虑等）相关（Dalbert et al.，1987；Otto et al.，2006）。

其次，在道德判断和道德行为领域，公正世界信念对个体的道德观念和行为产生重要影响。具有较强公正世界信念的个体更可能坚持道德准则，较少表现出不诚实行为（Schindler et al.，2019），同时认为那些遵守道德准则的人应受赞扬，而那些违反道德准则的人应受惩罚（Hafer & Bègue，2005；Sutton & Douglas，2005）。在群体歧视和偏见领域，公正世界信念与对弱势群体的态度和行为表现密切相关，但存在着一些差异性。一方面，公正世界信念与情绪耗竭和工作场所霸凌之间呈负相关关系（Desrumaux et al.，2018）；另一方面，较强公正世界信念的个体更容易支持现有的社会制度和秩序，认为现有的不平等和歧视是合理的，从而导致对弱势群体的歧视和偏见（Jost et al.，2004；Jost & Banaji，1994）。

在对受害者的态度方面，公正世界信念也具有显著影响。当目睹受害者遭受不公正待遇时，具有较强公正世界信念的人可能更倾向于对受害者进行责任归咎，认为他们应该为自己的遭遇负责（Lerner，1980）。这种现象被称为"受害者责任归咎"（Victim blaming），可能导致受害者受到二次伤害，因为他们在遭受不公正待遇的同时还受到周围人的指责（Correia et al.，2001；Hafer & Gosse，2010）。在助人行为和社会支持领域，公正世界信念对个体的帮助意愿和实际行为也有影响。研究发现，具有较强公正世界信念的人在面对需要帮助的人时，可能会认为他们的困境是应得的，从而降低提供帮助的意愿和行为（Hafer & Olson，2003）。最后，在政治观念和社会态度方面，公正世界信念与个体的政治立场和社会观念有关。研究表明，较强公正世界信念的人更倾向于支持保守主义，认为现有的社会制度和政策是公正的，并倾向于维护现状（Jost et al.，2003，2009）。这种倾向可能导致对社会变革的抵触和对弱势群体权益的忽视。

5.4.1.3　公正世界信念的影响因素

公正世界信念的形成和强度受多种因素影响，包括个体特征、社会文化因素、认知因素等多个方面。首先，从个体特征的角度来看，性格特质和价值观在公正世界信念的形成中扮演重要角色。一些研究发现，高责任感的个体更倾向于相信世界是公正的（Dalbert，2001；Furnham，2003）。此外，那些重视权威和传统价值观的人往往具有较强的公正世界信念（Jost et al.，2008）。认知因素在公正世界信念的形成中也起着关键作用。在公正世界信念的情境下，当个体目睹不公平现象时，他们可能会调整自己的信念，认为受害者应该为自己的遭遇负责，以维持公正世界信念（Lerner，1980）。此外，生活经历也是影响公正世界信念的重要因素。一些研究发现，那些在生活中经历过不公平待遇的个体往往具有较低的公正世界信念（Hafer，2000；Maes & Schmitt，1999）。相反，另一些研究指出，对于那些曾经经历过创伤性事件的个体来说，他们可能会努力维护自己的公正世界信念，以降低对未来的恐惧和焦虑（Begue et al.，2008；Janoff-Bulman，1992）。

其次，在社会文化因素方面，家庭、教育和宗教背景对公正世界信念的形成具有显著影响。研究发现，在家庭环境中强调道德、公正和正义的个体更容易形成公正世界信念（Furnham & Procter，1992）。在教育方面，接受更高教育程度的人往往具有较强的公正世界信念，这可能是因为受过高等教育的人更容易理解和接受社会规范和秩序（Furnham & Procter，1992；Hafer，2000）。在宗教方面，虔诚的信徒往往具有较强的公正世界信念，因为宗教信仰强调道德规范和宇宙正义（Furnham & Procter，1992）。

5.4.1.4　公正世界信念对可持续利他的影响

根据主动性动机模型（Parker et al.，2010），个体前因可以通过主动性动机的中介路径影响主动性目标的设立和实现。基于主动性动机理论的框架，本研究将公正世界信念和资质过剩感这两个个体变量分别作为利他行为的个体前因，探索两者与利他行为关系中三种主动性动机的中介机制。公正世界信念由 Lerner 等人（Lerner，1980；Lerner & Miller，1978）提出，反映的是人们对他们所处的世界是一个公正有序的世界的信念。在这样一个世界里，人们得其所应得，并且所得即应得。好的行为会受到嘉奖，而坏的行为则会遭受灾祸（Jost & Hunyady，2005）。公正世界信念被视为一个相对稳定的特征，具有显著的个体差异。大量研究发现，个体对公正世界的强烈信念与各种积极的生理和心理结果有关（如更高的生活满意度、更多的感激、更多的共情、更好的心理健康、更低的压力水平）（Dalbert et al.，2001；Lucas et al.，2013）。

　　然而，对于公正世界信念如何影响利他行为，已有研究存在着诸多的矛盾之处。例如，一些研究发现，公正世界信念与利他呈负相关（Staub，1979），另一些研究则认为公正世界信念与利他呈正相关（Miller，1977），还有一些研究认为两者没有显著关系（Huston et al.，1981；Maclean & Chown，1988）。随后，有学者区分了自我公正世界信念（世界对自己有多公正）和他人公正世界信念（世界对他人有多公正）两个维度，分别考察二者对利他行为的影响，结果发现他人公正世界信念与利他行为呈负相关，而自我公正世界信念则与利他行为呈正相关（Begue et al.，2008）。但是，这些研究进展仍不足以解释清楚公正世界信念与利他行为之间错综复杂的影响机制。因此，本研究基于主动性动机模型（Parker，Bindl & Strauss，2010），分别以该模型的三个动机路径（"能做""应做""想做"）来阐明公正世界信念与利他行为之间尚不明确的作用机制。

　　首先，在主动性动机模型中（Parker et al.，2010），"能做"动机产生于自我效能感较强、感知行动的风险较低的情况下。当个体的自我公正世界信念和他人公正世界信念都较高时，他们更倾向于相信"所得即应得，应得即所得"，即他们采取主动行为之后得到的结果将是他们应该得到的结果，且预期偏离应得结果的风险很低。同时有研究证明，公正世界信念与自我效能感存在正相关关系（Cheng et al.，2020；Muenscher et al.，2020）。因此，本研究认为，高水平的他人公正世界信念和自我公正世界信念可能通过"能做"动机路径影响利他行为的可持续性，带来初始水平更高、长期趋势更稳定的利他行为。

其次，相比于"能做"的短期目标导向，"应做"动机来源于长期的目标导向（Parker et al.，2010）。当个人对自我和他人的公正世界信念认识都较低时，他们倾向于认为世界是不公平的，无论是自己还是其他人，即使朝着目标方向付出大量的努力，但由于生活在这个不公正的世界，反而往往是目标越长远，花费的时间越长、精力越多，付出的成本越大，最终也不能得偿所愿。而在组织中，这往往表现在员工对于组织的目标和愿景认同感低，产生较低的组织忠诚度，由此降低其利他行为的初始水平和可持续性。

最后，"想做"动机本质是在积极或消极情感激发下，人们主动采取的行动（Parker et al.，2010）。当个体的自我公正世界信念和他人公正世界信念都较低时，他们倾向于认为世界无论是对自己还是对他人都是不公平的，从而在情绪冲动下，激发出英雄主义动机，通过"想做"路径，产生初始水平高、同时波动性较强的利他行为。为保持篇幅简洁，此处只写概略的假设，在实际验证时会将利他动机所涉及的变量都展开，分别考虑各自的影响关系。概略假设如下：

假设14：利他行为动机在公正世界信念与利他行为可持续性的关系中起到中介作用。

5.4.2 资质过剩感与可持续利他

5.4.2.1 资质过剩感的定义与理论背景

资质过剩（Overqualification）是就业不足的一种典型形式（Feldman，1996），主要是指个人拥有的能力、工作经验、知识和技能等超过了工作要求。以往研究者采用两种不同方式来对资质过剩进行概念化：主观资质过剩和客观资质过剩。主观资质过剩涉及的是员工对于未充分利用自身能力和技能等的一种主观感知，而客观资质过剩则是指员工的教育或一系列技能相对于当前工作来说绰绰有余（Zhang et al.，2016）。由于个体的资质过剩感更能够影响员工的心理变化和行为，因此大部分的研究都将资质过剩概念化为资质过剩感（Maltarich et al.，2011）。

5.4.2.2 资质过剩感的结果

在组织中，拥有高资质过剩感对个体的心理健康、工作态度和职业发展等方面都有负面影响（Erdogan & Bauer，2021）。首先，资质过剩感可能负面影响个体的心理健康。具体地，资质过剩感高的员工在组织中往往会感受到更高的压力水平和更低的幸福感（Harari et al.，2017）。其次，个体的资质过剩感越高，其在组织中的工作满意度以及组织承诺会越低（Harari et al.，2017）。值得注意的是，这种资质过剩感与组织承诺的负向关系只在低权力距离的文化中才会出现，而在高权力距离的文化中两者的关系并不显著。此外，在职业发展方面，高资质过剩感会导致更高的离职倾向。这种较高的离开现有组织的意愿会进而带来更多的外部工作搜寻行为，特别对竞争力较强且发展需求比较高的个体而言这种行为的频率会更高（Harari et al. , 2017）。然而，针对组织最看重的工作绩效，资质过剩感与其的关系却不明确。多数研究并未发现两者间的显著关系。Erdogan 与 Bauer（2009）甚至发现在某些条件下资质过剩感与工作绩效呈正相关。

5.4.2.3　资质过剩感的影响因素

资质过剩感的产生可能受到多种因素的影响，包括个体差异、工作特征、组织环境以及社会文化等方面。首先，个体差异是影响资质过剩感的一个重要因素。研究发现，具有较高自尊和自我效能的个体可能更容易感受到资质过剩（Maynard et al. , 2006）。此外，具有较高成就动机的个体可能更容易感受到资质过剩，因为他们对自身能力的期望和对工作要求的评估可能较高（Judge et al. , 2000）。职业发展阶段同样与资质过剩感有关。新员工和初入职场的个体可能更容易出现资质过剩感，因为他们对工作抱有较高的期望，而实际工作可能并不符合这些期望（Fine & Nevo, 2008）。随着个体在职场中积累经验，他们可能会调整自己的期望，从而降低资质过剩感的程度。

工作特征也是影响资质过剩感的一个重要因素。根据工作特性理论（Hackman & Oldham, 1976），工作的吸引力主要取决于任务身份、任务重要性、自主性、反馈等方面。当个体认为工作任务过于简单、自主性不足或反馈不明确时，他们可能会感受到资质过剩。因此，改善工作特征可能有助于减轻资质过剩感（Erdogan et al. , 2011）。

组织环境对资质过剩感的影响也不容忽视。组织文化、领导风格以及同事关系等因素可能影响个体对自身资质的认知。例如，在一个重视学历和职位的组织文化中，资质过剩感可能更为明显。此外，组织提供的职业发展机会、培训和晋升政策等也会影响资质过剩感的程度（Erdogan et al. , 2011b, 2011a）。社会文化对资质过剩感的影响也值得关注。在某些文化背景下，高学历和职位可能被视为身份的象征，从而导致资质过剩感在这些文化中更为常见（Hu et al.，2015）。此外，劳动力市场的状况也可能影响资质过剩感的产生。例如，在经济不景气或就业竞争激烈的情况下，个体可能被迫接受与其资质不相符的工作，从而加剧资质过剩感（Johnson & Johnson，2000）。

5.4.2.4　资质过剩感对可持续利他的影响

目前的研究并未就资质过剩感的员工如何影响并导致可能的利他行为做出很好的解答。虽然很多实证研究检验了资质过剩感与组织公民行为之间的关系，但是学者们并未就此达成一致认识（Erdogan & Bauer，2020）。基于主动性动机模型（Parker et al.，2010），本研究认为资质过剩感主要是通过影响三种动机状态进而影响利他行为可持续性。具体来说，首先，高资质过剩感的员工由于其个人技能未能得到充分发挥，会产生相对剥夺或者不公平的负面情绪，导致其拥有较低的感恩水平、较强的心理特权感，从而从"想做"路径负向影响其短期的利他行为；其次，由于高资质过剩感个体的自身素质与工作不匹配，其组织关注动机和印象管理动机会更低，从而导致从"应做"路径负向影响长期持续的利他行为；最后，资质过剩感高的个体因为对社会交换系统中自己得到的回报不满，因此互惠认知较低，可能会通过"能做"路径导致长期不可持续的利他行为。为保持篇幅简洁，此处只写概略的假设。在实际验证时会将利他动机所涉及的变量都展开，分别考虑各自的影响关系。概略假设如下：

假设15：利他行为动机在资质过剩感与利他行为可持续性的关系中起到中介作用。

5.5 可持续利他的情境前因及中介机制

根据主动性动机模型（Parker et al., 2010），情境前因也可以通过主动性动机的中介路径影响主动性目标的设立和实现。基于主动性动机理论的框架，本研究将道德型领导（Ethical leadership）和辱虐式管理（Abusive supervision）这两种典型的领导风格分别作为利他行为的情境前因，探索两者与利他行为关系中三种主动性动机的中介机制。

5.5.1 道德型领导与可持续利他

5.5.1.1 道德型领导的定义与理论基础

道德型领导指的是组织或团队的领导者不仅通过自身的行为向下属示范合乎道德的、恰当的组织内行为，还通过与下属双向沟通的、制定政策等方式推广这种行为的领导风格（Brown et al., 2005）。道德型领导包括两个维度，分别是"道德的人"（Moral person）和"道德的管理者"（Moral Manager）（Brown & Treviño, 2006）。首先，作为"道德的人"，道德型领导需要具备和展现出符合道德规范的个人品格，可以成为下属的学习榜样；其次，作为"道德的管理者"，道德型领导需要向下属明确传递符合道德规范的价值观、通过制定政策等方式来在组织中确定道德标准并运用奖励和惩戒制度不断影响、规范和约束下属行为方式的合道德性，以及根据自己的道德判断作出符合道德要求的决策（Kalshoven et al., 2011）。"道德的人"强调领导者在职业和个人生活中都表现出最高的道德规范，而"道德的管理者"强调领导者如何将道德行为在下属中推广，并营造符合道德规范的组织氛围。因此,道德型领导受到学者们的日益关注(Bavik et al.,2018;Moore et al.,2019;Walumbwa & Schaubroeck,2009)。

5.5.1.2 道德型领导的结果

道德型领导对个体、团队和组织等多个层面产生积极影响。首先,在个体层面,道德型领导对员工的道德行为和工作态度产生正向影响。Brown 等研究者(2005)发现,道德型领导能提高员工的道德意识和道德判断,从而减少违规行为的发生。此外,道德型领导还对员工的工作满意度、承诺和信任产生积极作用。Walumbwa 等人(2011)的研究表明,道德型领导通过公正对待员工、关心员工福利以及提供有益的反馈,能够增强员工对组织的认同感和忠诚度。此外,道德型领导能够建立员工对领导者的信任,进而促进员工积极参与工作和愿意承担责任(Brown & Treviño,2006)。其次,在团队层面,道德型领导对团队凝聚力和绩效产生积极影响。Schaubroeck 等人(2012)发现,道德型领导能够营造公正、透明和尊重的团队氛围,从而提高团队成员之间的信任和合作。这种积极的团队氛围有助于提高团队凝聚力,进而提升团队绩效和创新能力(Chughtai et al.,2015)。

最后,在组织层面,道德型领导对组织道德氛围和声誉产生正向影响。Mayer 等人(2010)指出,道德型领导通过制定和执行道德政策,能够提高组织内部的道德标准和道德行为。这种道德氛围有助于减少组织内部的违规行为,降低法律风险和声誉损失。此外,道德型领导对组织的公众形象和声誉产生积极作用。领导者的道德行为和价值观能够塑造组织的道德形象,从而吸引投资者、客户和优秀人才(Demirtas & Akdogan,2015)。

5.5.1.3 道德型领导的影响因素

多种因素影响道德型领导的形成和发展，包括个体特征、社会认知、组织环境和文化背景等。首先，个体特征是影响道德型领导的关键因素。领导者的道德认知、道德情感和道德行为等方面决定了其道德领导的水平。研究发现，具有较高道德认知能力的领导者更能识别道德问题并作出道德决策（Detert et al.，2008）。此外，领导者的人格特征，如诚信、责任感、公正和关怀等，也对道德型领导产生重要影响（Brown & Treviño，2006）。

其次，社会认知对道德型领导的形成和发展具有重要作用。领导者通过观察和模仿他人的道德行为，以及从他人的反馈中学习和调整自己的道德行为，从而塑造和改进自己的道德领导（Brown et al.，2005）。此外，组织环境也是影响道德型领导的一个重要因素。组织的道德氛围和道德文化对领导者的道德行为产生重要影响。一个积极的道德氛围和对道德行为的支持和奖励，有助于培养和激励道德型领导（Mayer et al.，2009）。相反，一个负面的道德氛围和对不道德行为的容忍可能导致领导者道德水平的下降（Treviño et al.，1998）。

最后，文化背景对道德型领导的形成和发展也具有重要影响。跨文化研究表明，不同文化对道德价值观和道德行为的认知和评价存在差异（Resick et al.，2011）。在某些文化中，道德价值观和道德行为可能受到更高的重视，从而有利于道德型领导的发展。例如，在具有集体主义文化背景的国家，领导者更可能关注团队和组织的整体利益以及员工的福祉，从而体现出道德型领导的特征（House et al.，2004）。

5.5.1.4 道德型领导对可持续利他的影响

道德型领导作为员工日常工作中的重要情境因素，可能通过"想做"

"应做"以及"能做"三种动机状态（Parker et al.，2010）对员工的利他行为的可持续性产生影响。从"想做"动机状态来说，在道德型领导管理下的员工，能够感知到行为处事的公平公正，从而对领导产生感恩情绪，进而产生初始的利他行为；同时，由于道德型领导的以身作则和贯彻执行良好的奖惩制度，下属有较低的心理特权感和较高的英雄主义动机，因此个体从事利他行为的意愿增加，可能造成利他行为的短期波动；从"应做"动机状态来说，道德型领导作为良好的榜样，下属通过观察学习，能够增加其对组织的关注，增加其为组织做出贡献的意愿，其利他行为的可持续性可能更高。类似地，因为道德型领导的道德垂范作用，下属更可能对印象管理持负面态度，从而降低印象管理水平，形成长期可持续的利他行为。从"能做"动机状态来说，道德型领导真正关心下属的福祉，并投入时间和精力来满足下属的成长和发展需求，从而增加下属的互惠认知；并且道德型领导常常做出公平公正、符合道德要求的决策，为下属提供足够的资源，从而增加下属的职业适应力，使其更能够稳定持续地从事利他行为。道德型领导作为一种领导风格，不仅自身就是道德榜样，还能够向下属传递道德规范，在一定程度上被认为是辱虐式管理的反面（Mayer et al.，2012）。

道德型领导具有传递积极道德规范的特征，根据社会学习理论（Social learning theory）（Bandura，1972），员工将学习领导的道德规范，从而表现出更多的组织公民行为。已有证据发现道德型领导和员工的组织公民行为呈正相关（Kacmar et al.，2011）。同理，当道德型领导水平较高时，员工因为所学习的道德规范，将更少从事反生产行为。因此，在高水平的道德型领导条件下，员工组织公民行为的初始水平（截距）将更高，更多的员工的组织公民行为将呈现上升趋势。而组织公民行为的下降趋势（斜率）将会减缓，而上升趋势（斜率）将强化。为保持篇幅简洁，此处只写概略的假设，如下：

假设16：道德型领导与员工组织公民行为的初始水平（截距）呈正相关。

假设17：道德型领导与员工组织公民行为呈现上升趋势的概率呈正相关。

假设18：利他行为动机在道德型领导与利他行为可持续性的关系中起到中介作用。

5.5.2　辱虐式管理与可持续利他

5.5.2.1　辱虐式管理的定义与理论基础

辱虐式管理最早由Tepper（2000）提出，指的是领导对下属的持续敌意和负面行为。这些行为包括公开羞辱、恶意批评、恶语相向、剥夺权利、故意制造困难等。辱虐式管理与其他负面管理行为（如不道德领导、恶劣领导等）有所区别，主要体现在行为的敌意、持续性和针对性（Tepper，2007）。

5.5.2.2　辱虐式管理的结果

辱虐式管理会对个体、团队和组织等多个层面产生消极影响。首先，在个体层面，辱虐式管理会对员工的心理健康和工作态度产生负面影响。研究发现，辱虐式管理与员工的心理压力、抑郁和焦虑等心理问题密切相关（Tepper，2007）。此外，辱虐式管理对员工工作绩效的影响也是消极的，可能导致员工工作积极性降低、效率下降和业绩不佳（Martinko et al.，2013）。其次，在团队层面，辱虐式管理对团队凝聚力和绩效产生负面影响。领导者的辱虐行为可能破坏团队氛围，导致团队成员之间的信任和合作减弱（Mawritz et al.，2014）。此外，辱虐式管理可能引发团队成员之间的竞争和敌对关系，降低团队凝聚力，从而影响团队绩效和创新能力（Liu et al.，2010）。

在组织层面，辱虐式管理会对组织声誉和氛围产生负面影响。具体地，辱虐式管理可能导致组织内部道德水平下降，助长不道德行为和违规行为，增加组织的法律风险和声誉损失（Mitchell & Ambrose，2007）。辱虐式管理还可能导致员工产生反社会行为，如报复性行为和恶性竞争。研究表明，辱虐式管理可能使员工产生报复心理，进而对领导者、同事甚至组织进行报复，如故意降低工作效率、破坏公司财产和恶意传播谣言等（Mitchell & Ambrose，2007）。

5.5.2.3 辱虐式管理的影响因素

辱虐式管理是一个复杂的现象，其影响因素涉及领导特征、员工特质、组织文化等多个方面（Skogstad et al.，2014；Tepper，2000）。首先，领导者的个性特质、权力动机和心理状况都可能导致辱虐式管理行为（Krasikova et al.，2013；Martinko et al.，2013）。例如，高自尊心、自恋和权力欲望的领导者更容易实施辱虐式管理（Bushman et al.，2009；Ouimet，2010）。此外，员工特质也是辱虐式管理影响因素的一个关键组成部分。研究表明，员工的心理特质和行为特征可能导致他们成为辱虐式管理的目标（Harris，2007）。此外，员工的抗辱虐策略和应对能力也可能影响辱虐式管理的发生（Tepper et al.，2009）。此外，组织文化在辱虐式管理的影响因素中也起着重要作用。研究发现，组织内部的价值观、信仰和行为准则可能导致辱虐式管理的发生（Ashforth，1994；Skogstad et al.，2014）。

在此基础上，领导特征、员工特质和组织文化之间的相互关系进一步增加了辱虐式管理影响因素的复杂性。例如，领导者的权力地位和员工的依赖性可能共同影响辱虐式管理的发生（Mitchell et al.，2015；Padilla et al.，2007）。此外，组织文化可能通过影响领导者的价值观和行为来加强或减弱辱虐式管理的影响（Neves，2014）。类似地，团队氛围和团队内部的权力分布也被认为是辱虐式管理的影响因素（Burris et al.，2008；Liao et al.，2018）。研究表明，团队内部的信任和支持可以降低辱虐式管理的发生频率，而竞争和地位斗争可能加剧辱虐式管理（Hoobler et al.，2010）。

探讨辱虐式管理影响因素还需要考虑到文化差异。跨文化研究表明，在高权力距离的文化中，辱虐式管理可能更为普遍，因为领导者可能认为他们有权对下属进行严厉的管理（Hofstede，1980）。此外，研究还发现，辱虐式管理的影响因素可能随着时间的推移而发生变化。例如，领导者的管理风格和员工的行为可能在特定情境下或长期压力下发生变化，从而影响辱虐式管理的发生（Barnes et al.，2015；Lin et al.，2016）。因此，在研究辱虐式管理的影响因素时，需要关注其动态性和多样性。

5.5.2.4 辱虐式管理对可持续利他的影响

前人研究已经发现了辱虐式管理（Rafferty & Restubog，2011）对员工组织公民行为的不利影响。当领导的辱虐式管理水平较高时，员工会在工作环境中感受到较多的威胁感（Lee et al.，2013）。在这种威胁感下，为了得到领导认可，以重新恢复自己的确定感，并且在组织中更好地生存，员工不仅会完成自己分内的工作，还会想要去做角色外的工作，如组织公民行为。因此，在高水平的辱虐式管理条件下，员工组织公民行为的初始水平（截距）将更高，更多的员工的组织公民行为将呈现上升趋势。而组织公民行为的下降趋势（斜率）将会减缓，而上升趋势（斜率）将会强化。

同样，辱虐式管理作为员工日常工作中的重要情境因素，也可能同时会对"想做""应做"以及"能做"三种动机状态（Parker et al.，2010）产生影响，从而降低个体从事利他行为的可持续性。从"想做"动机状态来说，下属在受到上级的辱虐式管理后，会产生一系列负向情绪（比如愤怒、沮丧等），这些负向情绪会降低个体的感恩水平，削弱其心理特权感，挫伤其英雄主义动机，从而造成利他行为初始水平的低下和短期波动的增加；从"应做"动机状态来说，下属受到辱虐后，基于对组织的负面感受，会降低组织关注，从而更不愿从事可持续的利他行为；同时，个体出于保护自身安全的考虑，可能增加印象管理以期减少领导对其的辱虐，从而会形成更不可持续的利他行为；从"能做"动机状态来说，当下属受到辱虐后，对社会交换的互惠性认知将会更低，同时需要消耗大量资源用以调节、修复自身的情绪状态，因而无论从成本还是自我效能感考虑，都会导致个体的利他行为更加不可持续。为保持篇幅简洁，此处只写概略的假设。在实际验证时会将利他动机所涉及的变量都展开，分别考虑各自的影响关系，概略假设如下：

假设19：辱虐式管理与员工组织公民行为的初始水平（截距）呈负相关。

假设20：辱虐式管理与员工组织公民行为呈现上升趋势的概率呈负相关。

假设21：利他行为动机在辱虐式管理与利他行为可持续性的关系中起到中介作用。

5.5.3 工作家庭冲突与可持续利他

5.5.3.1 工作家庭冲突的定义与理论基础

工作家庭冲突被定义为个体在工作和家庭领域之间的角色要求相互冲突和不兼容的现象（Greenhaus & Beutell，1985）。这种冲突可能表现为时间冲突、压力冲突和行为冲突（Greenhaus & Beutell，1985）。工作家庭冲突可以分为工作对家庭的干扰（Work – family conflict，WFC）和家庭对工作的干扰（Family – work conflict，FWC）两个方向（Frone et al.，1992）。

5.5.3.2 工作家庭冲突的结果

工作家庭冲突是一个普遍存在的现象，它对个体的生活质量、心理健康、职业满意度以及组织绩效都会产生重要影响。首先，在个体层面，工作家庭冲突与心理健康问题密切相关。研究表明，工作家庭冲突与个体的心理压力、抑郁、焦虑和情绪消极性显著正相关（Allen et al.，2000；Ford et al.，2007）。此外，工作家庭冲突还可能导致个体出现身体健康问题，如失眠、疲劳、消化系统疾病等（Grzywacz & Marks，2000；Kelloway et al.，1999）。同时，工作家庭冲突与个体的职业满意度、工作投入和组织承诺等负相关（Amstad et al.，2011；Kossek & Ozeki，1998）。这些负面关系可能导致员工的工作绩效下降、离职意向增加以及更高的职业倦怠（Grandey et al.，2005）。工作家庭冲突还可能影响个体的职业生涯发展。研究发现，工作家庭冲突与个体的职业晋升、职业满意度和职业成就之间存在负相关关系（Crouter，1984）。这可能进一步影响个体的经济状况，降低其生活质量和家庭满意度（Frone et al.，1996）。

其次，在家庭层面，工作家庭冲突会对家庭满意度、家庭关系和子女发展产生负面影响。研究表明，工作家庭冲突与家庭满意度、婚姻满意度和亲子关系质量显著负相关（Allen et al.，2000；Amstad et al.，2011）。工作家庭冲突可能导致家庭关系紧张，进而影响个体在家庭角色中的表现（Eby et al.，2005）。最后，在组织层面，工作家庭冲突对组织绩效产生显著负面影响。研究表明，工作家庭冲突与员工的工作绩效、组织承诺和离职意向等指标呈负向关系（Allen et al.，2000；Ford et al.，2007）。这些负向关系可能导致组织绩效下降、员工流失率增加以及组织生产力降低（Allen et al.，2000）。组织也可能因为员工的工作家庭冲突而承担更高的成本。例如，工作家庭冲突与员工的医疗费用、缺勤和事故率等指标显著正相关（Frone et al.，1992）。这些成本可能会对组织的长期竞争力产生负面影响（Boles et al.，2001；Duxbury & Higgins，2001）。

5.5.3.3　工作家庭冲突的影响因素

工作家庭冲突的影响因素包括个体特征、家庭特征、工作特征和组织特征等方面。首先，在个体特征方面，性别是影响工作家庭冲突的一个重要因素。研究发现，女性往往比男性更容易经历工作家庭冲突，这可能是因为女性在家庭中承担了更多的家务和育儿责任（Byron，2005；Eagle et al.，1997）。然而，值得注意的是，随着社会性别角色的变化，男性在家庭中的责任也在逐渐增加，这可能导致他们在工作家庭冲突方面的体验与女性趋于接近（Cinamon & Rich，2002；Voydanoff，2005）。此外，年龄也与工作家庭冲突有关。研究表明，年轻员工可能更容易受到工作家庭冲突的困扰，因为他们往往处于职业生涯和家庭生活的初期阶段，需要在这两个领域付出更多的精力（Frone et al.，1992；Kossek & Ozeki，1998）。然而，随着年龄的增长，员工可能会找到更好的平衡策略，从而降低工作家庭冲突的程度（Allen & Finkelstein，2014）。教育水平也可能影响工作家庭冲突。一些研究发现，受过较高水平教育的员工可能更容易经历工作家庭冲突，因为他们的工作往往更加复杂和具有挑战性，需要付出更多的时间和精力（Hill，2005）。

其次，在家庭特征方面，家庭结构和家庭角色分配对工作家庭冲突具有显著影响。研究发现，具有子女的员工往往在工作家庭冲突方面体验更多的挑战，因为他们需要在工作和家庭之间进行更多的权衡（Voydanoff，2002）。家庭支持也是影响工作家庭冲突的重要因素。研究表明，高水平的家庭支持可以缓解工作家庭冲突，因为家庭成员之间的互助和理解有助于员工在职业和家庭生活中找到平衡（Adams et al.，1996；Thomas & Ganster，1995）。相反，低水平的家庭支持可能会加剧工作家庭冲突，导致员工在应对职业和家庭压力时更加艰难（Frone et al.，1997；Michel et al.，2011）。

接下来，在工作特征方面，工作要求、工作支持和工作自主性是影响工作家庭冲突的重要因素。高工作要求（如工作量、工作压力和工作时间）与工作家庭冲突呈正相关关系（Barnett et al.，1999）。这可能是因为高工作要求导致员工在工作中消耗大量时间和精力，从而影响了他们在家庭中的表现（Grandey & Cropanzano，1999）。相反，工作支持（如同事和上级的支持）和工作自主性（如时间和任务的自主安排）可能降低工作家庭冲突。研究表明，工作支持和工作自主性与工作家庭冲突呈负相关关系（Allen et al.，2000；Thomas & Ganster，1995）。这可能是因为这些资源有助于员工更好地应对工作要求，从而减轻了工作家庭冲突的程度（Ford et al.，2007；Grzywacz & Marks，2000）。

最后，在组织特征方面，组织文化和家庭友好政策对工作家庭冲突具有重要影响。支持性的组织文化鼓励员工在工作和家庭之间寻求平衡，从而减轻了冲突的程度（Allen, 2001；Clark, 2001）。此外，家庭友好政策（如灵活的工作时间、育儿假和托儿服务）也可能对工作家庭冲突产生积极影响。研究发现，实施这些政策的组织往往具有较低的工作家庭冲突水平（Kelly et al., 2008；Perry – Smith & Blum, 2000）。这可能是因为这些政策提供了员工在工作和家庭之间寻求平衡的资源和机会，从而减轻了冲突的程度（Hammer et al., 2005）。

5.5.3.4 工作家庭冲突对可持续利他的影响

对于工作家庭冲突水平高的员工来说，根据资源保存理论（Hobfoll, 1989），其个人资源不足以同时应对工作和家庭两方面的要求，因此工作投入将受到负面影响。因为角色内工作行为是员工工作的基本范围和绩效考核的关键内容，员工会尽量保证其资源的投入。而组织公民行为作为角色外工作行为，并非员工的强制工作要求，因此会显著受到资源不足的影响。在高水平的工作家庭冲突下，组织公民行为的初始水平（截距）将会更低，更多的组织公民行为将呈现下降趋势。而组织公民行为的下降趋势（斜率）将会强化，上升趋势（斜率）将会减缓。

假设22：工作家庭冲突与员工组织公民行为的初始水平（截距）呈负相关。

假设23：工作家庭冲突与员工组织公民行为的：（a）上升趋势（斜率）呈负相关；（b）下降趋势（斜率）呈正相关。

第六章　可持续利他型组织的建设

本研究考察个体及团队层面的可持续利他行为对重要的个体与团队结果的影响，构建团队的可持续互利形态对团队有效性的作用机制。本研究依据社会资本理论（Social capital theory）（Seibert et al.，2001）分别在个体水平和团队水平构建了利他行为可持续性的影响模型。首先，在个体水平上，利他行为的可持续性通过社会资本影响其重要的工作和职业结果，包括工作绩效和职业成功。其次，在团队水平上，团队互利行为的可持续性特征，包括均值和相似性，通过团队社会资本中介影响了重要的团队结果，包括团队绩效和团队创新。此外，本研究还探索了团队互利行为可持续性与团队结果关系中，团队冲突可能存在的中介作用。

社会资本（Social capital）指的是在个人社会关系中形成的可用于有目的行动的资源（Lin，1999，2002）。根据社会资本理论，社会资本包括嵌入在社会联系中的他人的喜欢、信任和认同，以及社会联系中的共同语言和叙事（Bolino et al.，2002；Nahapiet & Ghoshal，1998）。与群体或组织之间的外部联系中的资源相比，社会资本指的是存在于集体内部的联系中的资源（Adler & Kwon，2002）。社会资源理论（Social resource theory）（Lin et al.，1981）认为，更紧密的联系可以给个人的工具性目标带来更多的资源。由于组织中的员工一般是嵌入在团队这种紧密、更强的关系中，因而社会资本可以为团队成员提供大量用于解决工作和职业问题的重要资源（Carmeli et al.，2009），并有效促进个体的工作绩效和职业发展状况（Seibert et al.，2001）。

基于资源视角（Hobfoll，1989，2002），并借鉴 Bolino 等人（2002）提出的主动行为通过创造社会资本从而有利于组织运作的观点，本研究认为工作场所中的可持续利他行为可以增加个体的社会资本。在工作场所中持续稳定地做出利他行为的个体会积极主动地改变工作环境，例如通过网络建立强大的社会关系（Thompson，2005），特别是与有影响力和权势的管理者建立牢固的社会关系可以为个人提供足够的资源，如信息和支持等（Burt et al.，2013）。此外，通过网络建立积极的同伴关系也可以从同事那里获得资源，如喜欢和信任（Bolino et al.，2002），这也是具有持续利他行为的个人能够获得的社会资本形式（Nahapiet & Ghoshal，1998）。基于上述推理，加上社会资本与工作绩效和职业成功之间正向关联的证据（Seibert et al.，2001），本研究假设：

假设24：社会资本在个体利他行为可持续性与：（a）工作绩效；（b）职业成功的关系中起到中介作用。

将利他行为的可持续性上升到团队层面，可以得到两个新的指标，分别是团队成员利他行为可持续性的均值（包括长期趋势斜率的均值与短期波动性方差的均值），以及团队成员利他行为可持续性的相似性（趋势斜率的相似性与波动方差的相似性）（Song & Kim，2020）。基于个体水平的假设推理，本研究认为，在团队层面，团队成员利他行为可持续性的均值同样对团队水平的重要结果（如团队绩效和团队创新）通过团队社会资本的中介路径产生积极的影响。团队社会资本指的是团队因为互动合作而产生的共同知识、能力、技能等共同资源（Wang et al.，2014）。团队成员的利他行为可持续性的均值越高，代表团队互动协作的水平和持续性越强，积累起的团队社会资本相应就越多。而团队社会资本可以有效地提升团队效能和重要的团队结果（Wang et al.，2014）。因此，本研究提出假设：

假设25：团队社会资本在团队利他行为可持续性的均值正向影响（a）团队绩效；（b）团队创新的关系中起到中介作用。

此外，新近研究发现，团队成员的利他行为相似性越高，团队成员之间的互相排斥越少（Song & Kim，2020）。利他行为的相似性，而非利他行为的平均水平，影响了团队成员内部的彼此排斥，即减少了团队内部的关系冲突。因此，本研究认为，团队成员的利他行为在动态可持续性上的相似性同样也可以起到减少团队成员之间互相排斥，进而减少团队内关系冲突的作用。鉴于已有研究发现，更少的团队冲突可以带来更高水平的团队绩效和团队创新（Thiel et al.，2019），本研究提出假设：

假设26：团队冲突在团队利他行为可持续性的相似性正向影响：（a）团队绩效；（b）团队创新的关系中起到中介作用。

参考文献

[1] 聂琦，张捷，彭坚，王苗苗．(2021)．基于体验取样法的工间微休息对组织公民行为的影响研究．管理学报，02，223 – 233. doi：10. 3969/ j. issn. 1672 – 8884x. 2021. 02. 007.

[2] 沈伊默，诸彦含，周婉茹，张昱城，刘军．(2019)．团队差序氛围如何影响团队成员的工作表现？——一个有调节的中介作用模型的构建与检验．管理世界，12，104 – 115 + 136 + 215. doi：10. 19744/j. cnki. 11 – 1235/f. 2019. 0166.

[3] 张莉，申继亮．(2011)．农村留守儿童主观幸福感与公正世界信念的关系研究．中国特殊教育，132，78 – 82 + 88. doi：10. 3969/j. issn 1007 – 3728. 2011. 06. 016.

[4] 仲理峰．(2007)．心理资本对员工的工作绩效、组织承诺及组织公民行为的影响．心理学报，39，328 – 334. doi：10. 13546/j. cnki. tjyjc. 2013. 11. 051.

[5] Abu Bakar, H., McCann, R. M. (2016). The mediating effect of leader – member dyadic communication style agreement on the relationship between servant leadership and group – level organizational citizenship behavior. *Management Communication Quarterly*, 30, 32 – 58. doi：10. 1177/089 3318915601162.

[6] Abu Elanain, H. M. (2010). Work locus of control and interactional justice as mediators of the relationship between openness to experience and organizational citizenship behavior. *Cross Cultural Management：An International Journal*, 17, 170 – 192. doi：10. 1108/13527601011038732.

[7] Ackfeldt, A. – L., Coote, L. V. (2005). A study of organizational citizenship behaviors in a retail setting. *Journal of Business Research*, 58, 151 –

159. doi: 10. 1016/S0148 – 2963（03）00110 – 3.

[8] Adams, G. A. , King, L. A. , King, D. W. (1996). Relationships of job and family involvement, family social support, and work – family conflict with job and life satisfaction. *Journal of Applied Psychology*, 81, 411 – 420. doi: 10. 1037/0021 – 9010. 81. 4. 411.

[9] Adams, J. W. , Srivastava, A. , Herriot, P. , Patterson, F. (2013). Careerist orientation and organizational citizenship behavior in expatriates and non – expatriates. *Journal of Career Development*, 40, 469 – 489. doi: 10. 1177/0894845312472255.

[10] Adler, P. S. , Kwon, S. (2002). Social capital: Prospects for a new concept. *Academy of Management Review*, 27, 17 – 40. doi: 10. 5465/AMR. 2002. 5922314.

[11] Ahmad, M. G. , Klotz, A. C. , Bolino, M. C. (2020). Can good followers create unethical leaders? How follower citizenship leads to leader moral licensing and unethical behavior. *Journal of Applied Psychology*, 106, 1374 – 1390. doi: 10. 1037/apl0000839.

[12] Akan, O. H. , Allen, R. S. , White, C. S. (2009). Equity sensitivity and organizational citizenship behavior in a team environment. *Small Group Research*, 40, 94 – 112. doi: 10. 1177/1046496408326575.

[13] Aknin, L. B. , Dunn, E. W. , Whillans, A. V. , Grant, A. M. , Norton, M. I. (2013). Making a difference matters: Impact unlocks the emotional benefits of prosocial spending. *Journal of Economic Behavior & Organization*, 88, 90 – 95. doi: 10. 1016/j. jebo. 2013. 01. 008.

[14] Akoto, E. O. (2014). Contexts of the commitment – citizenship link: A test of economic volatility in a dual organization setting. *Journal of Vocational Behavior*, 84, 332 – 344. doi: 10. 1016/j. jvb. 2014. 02. 005.

[15] Aldao, A. , Nolen – Hoeksema, S. , Schweizer, S. (2010). Emotion – regulation strategies across psychopathology: A meta – analytic review. *Clinical Psychology Review*, 30, 217 – 237. doi: 10. 1016/j. cpr. 2009. 11. 004.

[16] Alessandri, G. , Longis, E. D. , Perinelli, E. , Balducci, C. , Borgogni, L. (2020). The costs of working too hard: Relationships between wor-

kaholism, job demands, and prosocial organizational citizenship behavior. *Journal of Personnel Psychology*, 19, 24 – 32. doi: 10. 1027/1866 – 5888/a000240.

[17] Alessandri, G. , Vecchione, M. , Tisak, J. , Deiana, G. , Caria, S. , Caprara, G. V. (2012). The utility of positive orientation in predicting job performance and organisational citizenship behaviors. *Applied Psychology: An International Review*, 61, 669 – 698. doi: 10. 1111/j. 1464 – 0597. 2012. 00511. x.

[18] Algoe, S. B. (2012). Find, remind, and bind: The functions of gratitude in everyday relationships. *Social and Personality Psychology Compass*, 6, 455 – 469. doi: 10. 1111/j. 1751 – 9004. 2012. 00439. x.

[19] Algoe, S. B. , Fredrickson, B. L. , Gable, S. L. (2013). The social functions of the emotion of gratitude via expression. *Emotion*, 13, 605 – 609. doi: 10. 1037/a0032701.

[20] Algoe, S. B. , Zhaoyang, R. (2016). Positive psychology in context: Effects of expressing gratitude in ongoing relationships depend on perceptions of enactor responsiveness. *Journal of Positive Psychology*, 11, 399 – 415. doi: 10. 1080/17439760. 2015. 1117131.

[21] Allen, N. J. , Meyer, J. P. (1996). Affective, continuance, and normative – commitment to the organization: An examination of construct validity. *Journal of Vocational Behavior*, 49, 252 – 276. doi: 10. 1006/jvbe. 1996. 0043.

[22] Allen, T. D. (2001). Family – supportive work environments: The role of organizational perceptions. *Journal of Vocational Behavior*, 58, 414 – 435. doi: 10. 1006/jvbe. 2000. 1774.

[23] Allen, T. D. , Finkelstein, L. M. (2014). Work – family conflict among members of full – time dual – earner couples: An examination of family life stage, gender, and age. *Journal of Occupational Health Psychology*, 19, 376 – 384. doi: 10. 1037/a0036941.

[24] Allen, T. D. , Herst, D. E. , Bruck, C. S. , Sutton, M. (2000). Consequences associated with work – to – family conflict: A review and agenda for future research. *Journal of Occupational Health Psychology*, 5, 278 –

308. doi: 10. 1037/1076 – 8998. 5. 2. 278.

[25] Allison, S. T. (2016). The Initiation of Heroism Science. *Heroism Science*, 1, 1 – 9. doi: 10. 26736/hs. 2016. 01. 01.

[26] Allison, S. T. , Goethals, G. R. (2013). Heroic leadership: An influence taxonomy of 100 exceptional individuals. New York: Routledge. .

[27] Allison, S. T. , Goethals, G. R. , Kramer, R. M. (Eds.). (2016). *Handbook of heroism and heroic leadership*. New York: Routledge. doi: 10. 4324/ 9781315690100.

[28] Amstad, F. T. , Meier, L. L. , Fasel, U. , Elfering, A. , Semmer, N. K. (2011). A meta – analysis of work – family conflict and various outcomes with a special emphasis on cross – domain versus matching – domain-relations. *Journal of Occupational Health Psychology*, 16, 151 – 169. doi: 10. 1037/a0022170.

[29] Anderson, C. , Brion, S. , Moore, D. a, Kennedy, J. A. (2012). A status – enhancement account of overconfidence. *Journal of Personality and Social Psychology*, 103, 718 – 735. doi: 10. 1037/a0029395.

[30] Angle, H. L. , Perry, J. L. (1981). An empirical assessment of organizational commitment and organizational effectiveness. *Administrative Science Quarterly*, 1 – 14. doi: 10. 2307/2392596.

[31] Aquino, K. F. , Freeman, D. , Reed, Americus, I. , Felps, W. , Lim, V. K. G. , Ii, A. R. (2009). Testing a social – cognitive model of moral behavior: The interactive influence of situations and moral identity centrality. *Journal of Personality and Social Psychology*, 97, 123 – 141. doi: 10. 1037/a0015406.

[32] Aquino, K. F. , Reed, A. (2002). The self – importanceof moral identity. *Journal of Personality and Social Psychology*, 83, 1423 – 1440. doi: 10. 1037//0022 – 3514. 83. 6. 1423.

[33] Aquino, K. F. , Thau, S. (2009). Workplace victimization: Aggression from the target's perspective. *Annual Review of Psychology*, 60, 717 – 741. doi: 10. 1146/annurev. psych. 60. 110707. 163703.

[34] Arkin, R. M. (1981). Self – presentation style. In J. T. Tedeschi (Ed.), *Impression Management Theory and Social Psychological Research* (pp. 311 –

333). New York: Academic Press. doi: 10. 1016/B978 − 0 − 12 − 685180 −
9. 50020 − 8.

[35] Arthaud − Day, M. L. , Rode, J. C. , Turnley, W. H. (2012). Direct
and contextual effects of individual values on organizational citizenship be-
havior in teams. *Journal of Applied Psychology*, 97, 792 − 807. doi: 10.
1037/a0027352.

[36] Aryee, S. , Chay, Y. W. (2001). Workplace justice, citizenship behav-
ior, and turnover intentions in a union context: Examining the mediating
role of perceived union support and union instrumentality. *Journal of Applied
Psychology*, 86, 154 − 160. doi: 10. 1037/0021 − 9010. 86. 1. 154.

[37] Ashford, S. J. , Black, J. S. (1996). Proactivity during organizational en-
try: The role of desire for control. *Journal of Applied Psychology*, 81, 199 −
214. doi: 10. 1037/0021 − 9010. 81. 2. 199.

[38] Ashforth, B. E. (1994). Petty tyranny in organizations. *Human Relations*,
47, 755 − 778. doi: 10. 1177/001872679404700701.

[39] Axelrod, R. (1984). *The evolution of cooperation.* New York: Basic Books.

[40] Baba, V. V. , Tourigny, L. , Wang, X. , Liu, W. (2009). Proactive-
personality and work performance in China: The moderating effects of emo-
tional exhaustion and perceived safety climate. *Canadian Journal of Adminis-
trative Sciences/Revue Canadienne Des Sciences de l'Administration*, 26, 23 −
37. doi: 10. 1002/cjas. 90.

[41] Bachrach, D. G. , Bendoly, E. , Podsakoff, P. M. (2001). Attributions
of the "causes" of groupperformance as an alternative explanation of the rela-
tionship between organizational citizenship behavior and organizational per-
formance. *Journal of Applied Psychology*, 86, 1285 − 1293. doi: 10. 1037/
0021 − 9010. 86. 6. 1285.

[42] Bachrach, D. G. , Powell, B. C. , Collins, B. J. , Richey, R. G. (2006).
Effects of task interdependence on the relationship between helping behavior
and group performance. *Journal of Applied Psychology*, 91, 1396 − 1405. doi:
10. 1037/0021 − 9010. 91. 6. 1396.

[43] Bai, Q. , Lin, W. , Wang, L. (2016). Family incivility and counterpro-
ductive work behavior: A moderated mediation model of self − esteem and

emotional regulation. *Journal of Vocational Behavior*, 94, 11 – 19. doi: 10. 1016/j. jvb. 2016. 02. 014.

[44] Bandura, A. (1977). Self – efficacy: Toward a unifying theory of behavioral change. *Psychological Review*, 84, 191 – 215. doi: 10. 1037/0033 – 295X. 84. 2. 191.

[45] Barnes, C. M., Lucianetti, L., Bhave, D. P., Christian, M. S. (2015). "You wouldn't like me when I'm sleepy": Leader sleep, daily abusive supervision, and work unit engagement. *Academy of Management Journal*, 58, 1419 – 1437. doi: 10. 5465/amj. 2013. 1063.

[46] Barnes, Christopher M., Ghumman, S., Scott, B. A. (2013). Sleep and organizational citizenship behavior: The mediating role of job satisfaction. *Journal of Occupational Health Psychology*, 18, 16 – 26. doi: 10. 1037/a0030349.

[47] Barnett, R. C., Gareis, K. C., Brennan, R. T. (1999). Fit as a mediator of the relationship between work hours and burnout. *Journal of Occupational Health Psychology*, 4, 307 – 317. doi: 10. 1037/1076 – 8998. 4. 4. 307.

[48] Baron, R. A. (1984). Reducing organizational conflict: An incompatible response approach. *Journal of Applied Psychology*, 69, 272 – 279. doi: 10. 1037/0021 – 9010. 69. 2. 272.

[49] Bar – Tal, D., Bar – Zohar, Y., Greenberg, M. S., Hermon, M. (1977). Reciprocity behavior in the relationship between donor and recipient and between harm – doer and victim. *Sociometry*, 293 – 298. doi: 10. 2307/3033537.

[50] Bass, B. M. (1985). *Leadership and performance beyond expectations*. New York: The Free Press.

[51] Bass, B. M., Riggio, R. E. (2006). *Transformational leadership*. New York: Psychology Press.

[52] Bateman, T. S., Organ, D. W. (1983). Job satisfaction and the good soldier: The relationship between affect and employee "citizenship." *Academy of Management Journal*, 26, 587 – 595. doi: 10. 2307/255908.

[53] Batson, C. D. (2002). Addressing the altruism question experimentally. In

S. G. Post, L. G. Underwood, J. P. Schloss, W. B. Hurlbut (Eds.), *Altruism and altruistic love: Science, philosophy, and religion in dialogue* (pp. 89 – 105). Oxford University Press. doi: 10. 1093/acprof: oso/9780195143584. 003. 0010.

[54] Batson, C. D. , Batson, J. G. , Todd, R. M. , Brummett, B. H. , Shaw, L. L. , Aldeguer, C. M. R. (1995). Empathy and the collective good: Caring for one of the others in a social dilemma. *Journal of Personality and Social Psychology*, 68, 619 – 631. doi: 10. 1037/0022 – 3514. 68. 4. 619.

[55] Batt, R. , Valcour, M. (2003). Human resource practices as predictors of work – family outcomes and employee turnover. *Industrial Relations*, 42, 189 – 220. doi: 10. 1111/1468 – 232X. 00287.

[56] Bauer, T. N. , Bodner, T. E. , Erdogan, B. , Truxillo, D. M. , Tucker, J. S. (2007). Newcomer adjustment during organizational socialization: A meta – analytic review of antecedents, outcomes, and methods. *Journal of Applied Psychology*, 92, 707 – 721. doi: 10. 1037/0021 – 9010. 92. 3. 707.

[57] Baumeister, R. F. , Bratslavsky, E. , Finkenauer, C. , Vohs, K. D. (2001). Bad is stronger than good. *Review of General Psychology*, 5, 323 – 370. doi: 10. 1037/1089 – 2680. 5. 4. 323.

[58] Baumeister, R. F. , Bratslavsky, E. , Muraven, M. , Tice, D. M. (1998). Ego depletion: Is the active self a limited resource? *Journal of Personality and Social Psychology*, 74, 1252 – 1265. doi: 10. 1037/0022 – 3514. 74. 5. 1252.

[59] Baumeister, R. F. , Schmeichel, B. J. , Vohs, K. D. (2007). Self – regulation and the executive function: The self as controlling agent. In A. W. Kruglanski E. T. Higgins (Eds.), *Social psychology handbook of basic principles* (Vol. 39, Issue 203, pp. 516 – 539). New York: Guilford Press.

[60] Bavik, Y. L. , Tang, P. M. , Shao, R. D. , Lam, L. W. (2018). Ethical leadership and employee knowledge sharing: Exploring dual – mediation paths. *Leadership Quarterly*, 29, 322 – 332. doi: 10. 1016/j. leaqua. 2017. 05. 006.

［61］ Beauregard, T. A. (2014). Fairness perceptions of work – life balance ini-
tiatives: Effects on counterproductive work behaviour. *British Journal of
Management*, 25, 772 – 789. doi: 10. 1111/1467 – 8551. 12052.

［62］ Becker, S. W. , Eagly, A. H. (2004). The heroism of women and
men. *American Psychologist*, 59, 163 – 178. doi: 10. 1037/0003 – 066X.
59. 3. 163.

［63］ Begue, L. , Charmoillaux, M. , Cochet, J. , Cury, C. , De Suremain,
F. (2008). Altruistic behavior and the bidimensional just world be-
lief. *American Journal of Psychology*, 121, 47 – 56. doi: 10. 2307/2044
5443.

［64］ Belmi, P. , Pfeffer, J. (2015). How "organization" can weaken the norm
of reciprocity: The effects of attributions for favors and a calculative mind-
set. *Academy of Management Discoveries*, 1, 36 – 57. doi: 10. 5465/amd.
2014. 0015.

［65］ Bendersky, C. , Brockner, J. (2020). Mistreatment from peers can re-
duce the effects of respectful treatment from bosses, and respectful peers can
offset mistreatment from bosses. *Journal of Organizational Behavior*, 41,
722 – 736. doi: 10. 1002/job. 2441.

［66］ Bensimon, H. F. (1994). Crisis and disaster management: Violations in
the workplace. *Training and Development*, 28, 27 – 32.

［67］ Bergeron, D. M. (2007). The potential paradox of organizational citizen-
ship behavior: Good citizens at what cost? *Academy of Management Review*,
32, 1078 – 1095. doi: 10. 2307/20159357.

［68］ Bergeron, D. M. , Ostroff, C. , Schroeder, T. , Block, C. (2014). The
dual effects of organizational citizenship behavior: Relationships to research
productivity and career outcomes in academe. *Human Performance*, 27, 99
– 128. doi: 10. 1080/08959285. 2014. 882925.

［69］ Bergeron, D. M. , Shipp, A. J. , Rosen, B. , Furst, S. A. (2013). Or-
ganizational citizenship behavior and career outcomes the cost of being a good
citizen. *Journal of Management*, 39, 958 – 984. doi: 10. 1177/014920
6311407508.

［70］ Berkowitz, M. , Bier, M. (2007). What works in character education. *Journal of Research in Character Education*, 5, 29 – 48.

[71] Bienstock, C. C., DeMoranville, C. W., Smith, R. K. (2003). Organizational citizenship behavior and service quality. *Journal of Services Marketing*, 17, 357 – 378. doi: 10. 1108/08876040310482775.

[72] Bies, R. J., Tripp, T. M., & Kramer, R. M. (1997). At the breaking point: Cognitive and social dynamics of revenge in organizations. In R. A. Giacalone & J. Greenberg (Eds.), *Antisocial behavior in organizations* (pp. 18 – 36). Sage Publications, Inc.

[73] Blakely, G. L., Andrews, M. C., Fuller, J. (2003). Are chameleons good citizens? A longitudinal study of the relationship between self – monitoring and organizational citizenship behavior. *Journal of Business and Psychology*, 18, 131 – 144. doi: 10. 1023/A: 1027388729390.

[74] Blasi, A. (1980). Bridging moral cognition and moral action: A critical review of the literature. *Psychological Bulletin*, 88, 1 – 45. doi: 10. 1037/0033 – 2909. 88. 1. 1.

[75] Blau, P. M. (1964). *Exchange and power in social life.* Transaction Publishers.

[76] Blustein, D. L. (2011). A relational theory of working. *Journal of Vocational Behavior*, 79, 1 – 17. doi: 10. 1016/j. jvb. 2010. 10. 004.

[77] Bohle, S. A. L., Alonso, A. R. M. (2017). The effect of procedural fairness and supervisor support in the relationship between job insecurity and organizational citizenship behavior. *Review of Business Management*, 19, 337 – 357. doi: 10. 7819/rbgn. v0i0. 3023.

[78] Boles, J. S., Howard, W. G., Donofrio, H. H. (2001). An investigation into the inter – relationships of work – family conflict, family – work conflict and work satisfaction. *Journal of Managerial Issues*, 13, 376 – 390. doi: 10. 2307/40604357 .

[79] Bolino, M. C. (1999). Citizenship and impression management: Good soldiers or good actors? *Academy of Management Review*, 24, 82 – 98. doi: 10. 2307/259038.

[80] Bolino, M. C., Grant, A. M. (2016). The bright side of beingprosocial at work, and the dark side, too: A review and agenda for research on other –

oriented motives, behavior, and impact in organizations. *Academy of Management Annals*, 10, 599 – 670. doi: 10. 1080/19416520. 2016. 1153260.

[81] Bolino, M. C. , Harvey, J. , Bachrach, D. G. (2012). A self – regulation approach to understanding citizenship behavior in organizations. *Organizational Behavior and Human Decision Processes*, 119, 126 – 139. doi: 10. 1016/j. obhdp. 2012. 05. 006.

[82] Bolino, M. C. , Kacmar, K. M. , Turnley, W. H. , Gilstrap, J. B. (2008). A multi – level review of impression management motives and behaviors. *Journal of Management*, 34, 1080 – 1109. doi: 10. 1177/01492 06308324325.

[83] Bolino, M. C. , Klotz, A. C. (2015). The paradox of the unethical organizational citizen: The link between organizational citizenship behavior and unethical behavior at work. *Current Opinion in Psychology*, 6, 45 – 49. doi: 10. 1016/j. copsyc. 2015. 03. 026.

[84] Bolino, M. C. , Klotz, A. C. , Turnley, W. H. , Harvey, J. (2013). Exploring the dark side of organizational citizenship behavior. *Journal of Organizational Behavior*, 34, 542 – 559. doi: 10. 1002/job. 1847.

[85] Bolino, M. C. , Turnley, W. H. (2003a). Going the extra mile: Cultivating and managing employee citizenship behavior. *Academy of Management Perspectives*, 17, 60 – 71. doi: 10. 5465/AME. 2003. 10954759.

[86] Bolino, M. C. , Turnley, W. H. (2003b). More than one way to make an impression: Exploring profiles of impression management. *Journal of Management*, 29, 141 – 160. doi: 10. 1177/0149206630302900202.

[87] Bolino, M. C. , Turnley, W. H. (2005). The personal costs of citizenship behavior: The relationship between individual initiative and role overload, job stress, and work – family conflict. *Journal of Applied Psychology*, 90, 740 – 748. doi: 10. 1037/0021 – 9010. 90. 4. 740.

[88] Bolino, M. C. , Turnley, W. H. , Bloodgood, J. M. (2002). Citizenship behavior and the creation of social capital in organizations. *Academy of Management Review*, 27, 505 – 522. doi: 10. 5465/AMR. 2002. 7566023.

[89] Bolino, M. C. , Varela, J. A. , Bande, B. , Turnley, W. H. (2006). The impact of impression - management tactics on supervisor ratings of or-

ganizational citizenship behavior. *Journal of Organizational Behavior*, 27, 281 – 297. doi：10. 1002/job. 379.

[90] Bommer, W. H. , Miles, E. W. , Grover, S. L. (2003). Does one good turn deserve another? Coworker influences on employeecitizenship. *Journal of Organizational Behavior*, 24, 181 – 196. doi：10. 1002/job. 187.

[91] Bordia, P. , Restubog, S. L. D. , Tang, R. L. (2008). When employees strike back：Investigating mediating mechanisms between psychological contract breach and workplace deviance. *Journal of Applied Psychology*, 93, 1104 – 1117. doi：10. 1037/0021 – 9010. 93. 5. 1104.

[92] Borman, W. C. , Motowidlo, S. J. (1993). Expanding the criterion domain to include elements of contextual performance. In N. Schmitt W. C. Borman (Eds.), *Personnel selection in organizations* (pp. 77 – 98). San Francisco, CA：Jossey – Bass.

[93] Borman, W. C. , Motowidlo, S. J. (1997). Task Peformance and Contextual Performance：The Meaning for Personnel Selection Research. *Human Performance*, 10, 99 – 109. doi：10. 1207/s15327043hup1002_3.

[94] Bowler, Wm. M. , Brass, D. J. (2006). Relational correlates of interpersonal citizenship behavior：A social network perspective. *Journal of Applied Psychology*, 91, 70 – 82. doi：10. 1037/0021 – 9010. 91. 1. 70.

[95] Bowler, Wm. M. , Halbesleben, J. R. B. , Paul, J. R. B. (2010). If you're close with the leader, you must be a brownnose：The role ofleader – member relationships in follower, leader, and coworker attributions of organizational citizenship behavior motives. *Human Resource Management Review*, 20, 309 – 316. doi：10. 1016/j. hrmr. 2010. 04. 001.

[96] Brackett, M. A. , Palomera, R. , Mojsa – Kaja, J. , Reyes, M. R. , Salovey, P. (2010). Emotion – regulation ability, burnout, and job satisfaction among British secondary – school teachers. *Psychology in the Schools*, 47, 406 – 417. doi：10. 1002/pits. 20478.

[97] Bragger, J. D. , Rodriguez – Srednicki, O. , Kutcher, E. J. , Indovino, L. , Rosner, E. (2005). Work – family conflict, work – family culture, and organizational citizenship behavior among teachers. *Journal of Business and Psychology*, 20, 303 – 324. doi：10. 1007/s10869 – 005 – 8266 – 0.

[98] Brebels, L. , De Cremer, D. , Van Dijke, M. (2014). Using self – defi-nition to predict the influence of procedural justice on organizational – , in-terpersonal – , and job/task – oriented citizenship behavior. *Journal of Man-agement*, 40, 731 – 763. doi: 10. 1177/0149206311410605.

[99] Breen, W. E. , Kashdan, T. B. , Lenser, M. L. , Fincham, F. D. (2010). Gratitude and forgiveness: Convergence and divergence on self – report and informant ratings. *Personality and Individual Differences*, 49, 932 – 937. doi: 10. 1016/j. paid. 2010. 07. 033.

[100] Bronfenbrenner, U. (1979). *The ecology of human development*. Cam-bridge, MA: Harvard University Press.

[101] Brouer, R. L. , Wallace, A. S. , Harvey, P. (2011). When good re-sources go bad: The applicability of conservation of resource theory to psy-chologically entitled employees. In P. L. Perrewé D. C. Ganster (Eds.), *The role of individual differences in occupational stress and well being* (pp. 109 – 150). Bingley, UK: Emerald.

[102] Brown, M. E. , Treviño, L. K. (2006). Ethical leadership: A review and future directions. *Leadership Quarterly*, 17, 595 – 616. doi: 10. 1016/j. leaqua. 2006. 10. 004.

[103] Brown, M. E. , Treviño, L. K. , Harrison, D. A. (2005). Ethical lead-ership: A social learning perspective for construct development and tes-ting. *Organizational Behavior and Human Decision Processes*, 97, 117 – 134. doi: 10. 1016/j. obhdp. 2005. 03. 002.

[104] Brummel, B. J. , Parker, K. N. (2015). Obligation and entitlement in society and the workplace. *Applied Psychology: An International Review*, 64, 127 – 160. doi: 10. 1111/apps. 12023.

[105] Bryan, J. L. , Young, C. M. , Lucas, S. , Quist, M. C. (2018). Should I say thank you? Gratitude encourages cognitive reappraisal and buffers the negative impact of ambivalence over emotional expressionon de-pression. *Personality and Individual Differences*, 120, 253 – 258. doi: 10. 1016/j. paid. 2016. 12. 013.

[106] Burris, E. R. , Detert, J. R. , Chiaburu, D. S. (2008). Quitting before leaving: The mediating effects of psychological attachment and detachment

on voice. *Journal of Applied Psychology*, 93, 912 – 922. doi：10. 1037/0021 – 9010. 93. 4. 912.

[107] Burt, R. S. , Kilduff, M. , Tasselli, S. (2013). Social network analysis：foundations and frontiers on advantage. *Annual review of psychology*, 64, 527 – 547. doi：10. 1146/annurev – psych – 113011 – 143828.

[108] Bushman, B. J. , Baumeister, R. F. , Thomaes, S. , Ryu, E. , Begeer, S. , West, S. G. (2009). Looking again, and harder, for a link between low self – esteem and aggression. *Journal of Personality*, 77, 427 – 446. doi：10. 1111/j. 1467 – 6494. 2008. 00553. x.

[109] Buss, D. (1993). Ways to curtail employee theft. *Nation's Business*, 81, 36 – 37.

[110] Butler, E. A. , Egloff, B. , Wlhelm, F. H. , Smith, N. C. , Erickson, E. A. , Gross, J. J. (2003). The social consequences of expressive suppression. *Emotion*, 3, 48 – 67. doi：10. 1037/1528 – 3542. 3. 1. 48.

[111] Byrne, Z. S. (2005). Fairness reduces the negative effects of organizational politics on turnover intentions, citizenship behavior and job performance. *Journal of Business and Psychology*, 20, 175 – 200. doi：10. 1007/sl0869 – 005 – 8258 – 0.

[112] Byron, K. (2005). A meta – analytic review of work – familyconflict and its antecedents. *Journal of Vocational Behavior*, 67, 169 – 198. doi：10. 1016/j. jvb. 2004. 08. 009.

[113] Campbell, W. K. , Bonacci, A. M. , Shelton, J. , Exline, J. J. , Bushman, B. J. (2004). Psychological entitlement：Interpersonal consequences and validation of a self – report measure. *Journal of Personality Assessment*, 83, 29 – 45. doi：10. 1207/s15327752jpa8301_04.

[114] Carmeli, A. , Ben – Hador, B. , Waldman, D. A. , Rupp, D. E. (2009). How leaders cultivate social capital and nurture employee vigor：Implications for job performance. *Journal of Applied Psychology*, 94, 1553 – 1561. doi：10. 1037/a0016429.

[115] Carpenter, N. C. , Whitman, D. S. , Amrhein, R. (2021). Unit – Level Counterproductive Work Behavior (CWB)：A Conceptual Review and Quantitative Summary. Journal of Management, 47 (6), 1498 –

1527. doi: 10. 1177/014920632097881.

[116] Castro, C. B. , Armario, E. M. , Ruiz, D. M. (2004). The influence of employee organizational citizenship behavior on customer loyalty. *International Journal of Service Industry Management*, 15, 27 – 53. doi: 10. 1108/09564230410523321.

[117] Cavallo, J. V. , Fitzsimons, G. M. , Holmes, J. G. (2010). When self – protection overreaches: Relationship – specific threat activates domain – general avoidance motivation. *Journal of Experimental Social Psychology*, 46, 1 – 8. doi: 10. 1016/j. jesp. 2009. 07. 007.

[118] Cavallo, J. V. , Holmes, J. G. , Fitzsimons, G. M. , Murray, S. L. , Wood, J. V. (2012). Managing motivational conflict: How self – esteem and executive resources influence self – regulatory responses to risk. *Journal of Personality and Social Psychology*, 103, 430 – 451. doi: 10. 1037/ a0028821.

[119] Chen, C. – C. , Chiu, S. – F. (2008). An integrative model linking supervisor support and organizational citizenship behavior. *Journal of Business and Psychology*, 23, 1 – 10. doi: 10. 1007/s10869 – 008 – 9084 – y.

[120] Chen, C. – C. , Chiu, S. – F. (2009). The mediating role of job involvement in the relationship between job characteristics and organizational citizenship behavior. *The Journal of Social Psychology*, 149, 474 – 494. doi: 10. 3200/SOCP. 149. 4. 474 – 494.

[121] Chen, C. – H. V. , Tang, Y. – Y. , Wang, S. – J. (2009). Interdependence and organizational citizenship behavior: Exploring the mediating effect of group cohesion in multilevel analysis. *Journal of Psychology*, 143, 625 – 640. doi: 10. 1080/00223980903218273.

[122] Chen, C. – Y. , Yang, C. – F. (2012). The impact of spiritual leadership on organizational citizenship behavior: A multi – sample analysis. *Journal of Business Ethics*, 105, 107 – 114. doi: 10. 1007/s10551 – 011 – 0953 – 3.

[123] Chen, S. X. , Carey, T. P. (2009). Assessing citizenship behavior in educational contexts: The role of personality, motivation, and culture. *Journal of Psychoeducational Assessment*, 27, 125 – 137.

[124] Chen, X. - P., Hui, C., Sego, D, J. (1998). The role of organiza-
tional citizenship behavior in turnover: Conceptualization and preliminary
tests of key hypotheses. *Journal of Applied Psychology*, 83, 922 -
931. doi: 10. 1037/0021 - 9010. 83. 6. 922.

[125] Cheng, Y., Nudelman, G., Otto, K., Ma, J. (2020). Belief in a
just world and employee voice behavior: The mediating roles of perceived
efficacy and risk. *Journal of Psychology*, 154, 129 - 143. doi:
10. 1080/00223980. 2019. 1670126.

[126] Cheung, F. Y. L., Cheung, R. Y. H. (2013). Effect of emotional disso-
nance on organizational citizenship behavior: Testing the stressor - strain -
outcome model. *Journal of Psychology*: *Interdisciplinary and Applied*, 147,
89 - 103. doi: 10. 1080/00223980. 2012. 676576.

[127] Cheung, F. Y. L., Lun, V. M. C. (2015). Relation betweenemotional
labor and organizational citizenship behavior: An investigation among Chi-
nese teaching professionals. *Journal of General Psychology*, 142, 253 -
272. doi: 10. 1080/00221309. 2015. 1091764.

[128] Chiaburu, D. S., Oh, I. - S., Berry, C. M., Li, N., Gardner,
R. G. (2011). The five - factor model of personality traits and organiza-
tional citizenship behaviors: A meta - analysis. *Journal of Applied Psychol-
ogy*, 96, 1140 - 1166. doi: 10. 1037/a0024004.

[129] Chin, T. (2015). Harmony and organizational citizenship behavior in Chi-
nese organizations. *International Journal of Human Resource Management*,
26, 1110 - 1129. doi: 10. 1080/09585192. 2014. 934882.

[130] Chiu, S. - F. F., Tsai, M. - C. C. (2006). Relationships among burn-
out, job involvement, and organizational citizenship behavior. *Journal of
Psychology*, 140, 517 - 530. doi: 10. 3200/JRLP. 140. 6. 517 - 530.

[131] Cho, J., Schilpzand, P., Huang, L., Paterson, T. (2020). How
and when humble leadership facilitates employee job performance: The
roles of feeling trusted and job autonomy. *Journal of Leadership & Organiza-
tional Studies*, 28, 169 - 184. doi: 10. 1177/1548051820979634.

[132] Choi, J. N. (2007). Change - oriented organizational citizenshipbehavior:
Effects of work environment characteristics and intervening psychological

processes. *Journal of Organizational Behavior*, 28, 467 – 484. doi: 10. 1002/job. 433.

[133] Chughtai, A. , Byrne, M. , Flood, B. (2015). Linking ethical leadership to employee well – being: The role of trust in supervisor. *Journal of Business Ethics*, 128, 653 – 663. doi: 10. 1007/s10551 – 014 – 2126 – 7.

[134] Chun, J. S. , Shin, Y. , Choi, J. N. , Kim, M. S. (2013). How does corporate ethics contribute to firm financial performance? The mediating role of collective organizational commitment and organizational citizenship behavior. *Journal of Management*, 39, 853 – 877. doi: 10. 1177/0149 206311419662.

[135] Chung, M. – H. , Park, J. , Moon, H. K. , Oh, H. (2011). The multilevel effects of network embeddedness on interpersonal citizenship behavior. *Small Group Research*, 42, 730 – 760. doi: 10. 1177/1046496411 417732.

[136] Chung, Y. W. (2015). The mediating effects of organizational conflict on the relationships between workplace ostracism with in – role behavior and organizational citizenship behavior. *International Journal of Conflict Management*, 26, 366 – 385. doi: 10. 1108/IJCMA – 01 – 2014 – 0001.

[137] Cinamon, R. G. , Rich, Y. (2002). Gender differences in theimportance of work and family roles: Implications for work – family conflict. *Sex Roles*, 47, 531 – 541. doi: 10. 1023/A: 1022021804846.

[138] Clark, S. C. (2001). Work cultures and work/family balance. *Journal of Vocational Behavior*, 58, 348 – 365. doi: 10. 1006/jvbe. 2000. 1759.

[139] Cohen, A. , Keren, D. (2008). Individual values and social exchange variables: Examining their relationship to and mutual effect on in – role performance and organizational citizenship behavior. *Group & Organization Management*, 33, 425 – 452. doi: 10. 1177/1059601108321823.

[140] Colquitt, J. A. , Conlon, D. E. , Wesson, M. J. , Porter, C. O. L. H. , Ng, K. Y. (2001). Justice at the millennium: A meta – analytic review of 25 years of organizational justice research. *Journal of Applied Psychology*, 86, 425 – 445. doi: 10. 1037//0021 – 9010. 86. 3. 425.

[141] Cooley, C. H. (1902). *Human nature and the social order.* New York:

Scribner.

[142] Correia, I., Vala, J., Aguiar, P. (2001). The effects of belief in a just world and victim's innocence on secondary victimization, judgements of justice and deservingness. *Social Justice Research*, 14, 327 – 342. doi: 10. 1023/A: 1014324125095.

[143] Coyle – Shapiro, J. A. – M. (2002). A psychological contract perspective on organizational citizenship behaviour. *Journal of Organizational Behavior*, 23, 927 – 946. doi: 10. 1002/job. 173.

[144] Crouter, A. C. (1984). Spillover from family to work: The neglected side of the work – family interface. *Human Relations*, 37, 425 – 441. doi: 10. 1177/001872678403700601.

[145] Dalal, R. S. (2005). A meta – analysis of the relationship between organizational citizenship behavior and counterproductive work behavior. *Journal of Applied Psychology*, 90, 1241 – 1255. doi: 10. 1037/0021 – 9010. 90. 6. 1241.

[146] Dalal, R. S., Bhave, D. P., Fiset, J. (2014). Within – person variability in job performance: A theoretical review and research agenda. *Journal of Management*, 40, 1396 – 1436. doi: 10. 1177/014920 6314532691.

[147] Dalal, R. S., Lam, H., Weiss, H. M., Welch, E. R., Hulin, C. L. (2009). A within – person approach to work behavior and performance: Concurrent and lagged citizenship – counterproductivity associations, and dynamic relationships with affect and overall job performance. *Academy of Management Journal*, 52, 1051 – 1066. doi: 10. 5465/AMJ. 2009. 44 636148.

[148] Dalal, R. S., Sheng, Z. (2019). When is helping behaviorunhelpful? A conceptual analysis and research agenda. *Journal of Vocational Behavior*, 110, 272 – 285. doi: 10. 1016/j. jvb. 2018. 11. 009.

[149] Dalbert, C., Lipkus, I. M., Sallay, H., Goch, I. (2001). A just and an unjust world: Structure and validity of different world beliefs. *Personality and Individual Differences*, 30, 561 – 577. doi: 10. 1016/s0191 – 8869 (00) 00055 – 6.

[150] Dalbert, C. (1999). The world is more just for me than generally: About the personal belief in a just world scale's validity. *Social Justice Research*, 12, 79 – 98. doi: 10. 1023/A: 1022091609047.

[151] Dalbert, C. (2001). *The justice motive as a personal resource: Dealing with challenges and critical life events.* New York: Plenum.

[152] Dalbert, C. (2002). Beliefs in a just world as a buffer against anger. *Social Justice Research*, 15, 123 – 145.

[153] Dalbert, C, Montada, L. , Schmitt, M. (1987). Belief in a just world: Validation correlates of two scales. *Psychologische Beitrage*, 29, 596 – 615.

[154] Dalton, D. R. , Mesch, D. J. (1991). On the extent and reduction of avoidable absenteeism: An assessment of absence policy provisions. *Journal of Applied Psychology*, 76, 810 – 817. doi: 10. 1037/0021 – 9010. 76. 6. 810.

[155] Darlington, P. J. (1978). *Altruism: Its characteristics and evolution. Proceedings of the National Academy of Sciences*, 75, 385 – 389. doi: 10. 1073/pnas. 75. 1. 385.

[156] Day, D. V. , Lance, C. E. (2004). Understanding the development of leadership complexity through latent growth modeling. In D. V. Day, J. Zaccaro, S. M. Halpin (Eds.), *Leader development for transforming organizations: Growing leaders for tomorrow* (pp. 41 – 69). Hillsdale, NJ: Lawrence Erlbaum Associates Publishers.

[157] De Clercq, D. , Belausteguigoitia, I. (2020). When does job stress limit organizational citizenship behavior, or not? Personal and contextual resources as buffers. *Journal of Management Organization*, 1 – 25. doi: 10. 1017/jmo. 2020. 7.

[158] De Dreu, C. K. W. , Weingart, L. R. (2003). Task versus relationship conflict, team performance, and team member satisfaction: A meta – analysis. *Journal of Applied Psychology*, 88, 741 – 749. doi: 10. 1037/ 0021 –9010. 88. 4. 741.

[159] De Dreu, C. K. W. , Weingart, L. R. , Kwon, S. (2000). Influence of social motives on integrative negotiation: A meta – analytic review and test

of two theories. *Journal of Personality and Social Psychology*, 78, 889 – 905. doi: 10. 1037/0022 – 3514. 78. 5. 889.

[160] De Waal, F. (2009). *The age of empathy: Nature's lessons for a kinder society.* New York: Harmony Books.

[161] Deal, T. E. , Kennedy, A. A. (1982). *Corporate Cultures: The Rites and Rituals of Corporate Life.* Reading, MA: Addison Wesley Publishing Company.

[162] Deery, S. J. , Iverson, R. D. , Buttigieg, D. M. , Zatzick, C. D. (2014). Can union voice make a difference? The effect of union citizenship behavior on employee absence. *Human Resource Management*, 53, 211 – 228. doi: 10. 1002/hrm. 21549.

[163] DeGroot, T. , Brownlee, A. L. (2006). Effect of department structure on the organizational citizenship behavior – department effectiveness relationship. *Journal of Business Research*, 59, 1116 – 1123. doi: 10. 1016/j. jbusres. 2006. 09. 020.

[164] DeLeire, T. , Kalil, A. (2010). Does consumption buy happiness? Evidence from the United States. *International Review of Economics*, 57, 163 – 176. doi: 10. 1007/s12232 – 010 – 0093 – 6.

[165] Deluga, R. J. (1994). Supervisor trust building, leader – member exchange and organizational citizenship behaviour. *Journal of Occupational and Organizational Psychology*, 67, 315 – 326. doi: 10. 1111/j. 2044 – 8325. 1994. tb00570. x.

[166] Deluga, R. J. (1995). The relationship between attributional charismatic leadership and organizational citizenship behavior. *Journal of Applied Social Psychology*, 25, 1652 – 1669. doi: 10. 1111/j. 1559 – 1816. 1995. tb 02638. x.

[167] Demangeot, C. , Broderick, A. J. (2010). Consumer perceptions of online shopping environments: A gestalt approach. *Psychology & Marketing*, 30, 461 – 469. doi: 10. 1002/mar. 20323.

[168] Demirtas, O. , Akdogan, A. A. (2015). The effect of ethical leadership behavior on ethical climate, turnover intention, and affective commitment. *Journal of Business Ethics*, 130, 59 – 67. doi: 10. 1007/s10551 – 014 –

2196 – 6.

[169] Desrumaux, P. , Gillet, N. , Nicolas, C. (2018). Direct and indirect effects of belief in a just world and supervisor support on burnout via bullying. *International Journal of Environmental Research and Public Health*, 15. doi: 10. 3390/ijerph15112330.

[170] Detert, J. R. , Treviño, L. K. , Sweitzer, V. L. (2008). Moral disengagement inethical decision making: A study of antecedents and outcomes. *Journal of Applied Psychology*, 93, 374 – 391. doi: 10. 1037/0021 – 9010. 93. 2. 374.

[171] Deutsch, M. (1973). The resolution of conflict: Constructive and destructive processes. New Haven, CT; Yale University Press.

[172] Dirks, K. T. , Ferrin, D. L. (2002). Trust in leadership: Meta – analytic findings and implications for research and practice. *The Journal of Applied Psychology*, 87, 611 – 628. doi: 10. 1037/0021 – 9010. 87. 4. 611.

[173] Dischner, S. (2015). Organizational structure, organizational form, and counterproductive work behavior: A competitive test of the bureaucratic and post – bureaucratic views. *Scandinavian Journal of Management*, 31, 501 – 514. doi: 10. 1016/j. scaman. 2015. 10. 002.

[174] Donaldson, S. I. , Ensher, E. A. , Grant – Vallone, E. J. (2000). Longitudinal examination of mentoring relationships on organizational commitment and citizenship behavior. *Journal of Career Development*, 26, 233 – 249. doi: 10. 1177/089484530002600401.

[175] Downey, G. , Mougios, V. , Ayduk, O. , London, B. E. , Shoda, Y. (2004). Rejection sensitivity and the defensive motivational system: Insights from the startle response to rejection cues. *Psychological Science*, 15, 668 – 673. doi: 10. 1111/j. 0956 – 7976. 2004. 00738. x.

[176] Drążkowski, D. , Kaczmarek, L. D. , Kashdan, T. B. (2017). Gratitude pays: A weekly gratitude intervention influences monetary decisions, physiological responses, and emotional experiences during a trust – related social interaction. *Personality and Individual Differences*, 110, 148 – 153. doi: 10. 1016/j. paid. 2017. 01. 043.

[177] Duxbury, L. E. , Higgins, C. A. (2001). The 2001 nationalwork – life

conflict study: Report one. *Health Canada*.

[178] Eagle, B. W. , Miles, E. W. , Icenogle, M. L. (1997). Interrole con-
flicts and the permeability of work and family domains: Are there gender
differences? *Journal of Vocational Behavior*, 50, 168 – 184. doi:
10. 1006/jvbe. 1996. 1569.

[179] Eatough, E. M. , Chang, C. – H. (Daisy), Miloslavic, S. A, Johnson,
R. E. (2011). Relationships of role stressors with organizational citizen-
ship behavior 钙: A meta – analysis. *Journal of Applied Psychology*, 96,
619 – 632. doi: 10. 1037/a0021887.

[180] Eby, L. T. , Butts, M. M. , Hoffman, B. J. , Sauer, J. B. (2015).
Cross – lagged relations between mentoring received from supervisors and
employe OCBs: Disentangling causal direction and identifying boundary
conditions. *Journal of Applied Psychology*, 100, 1275 – 1285. doi:
10. 1037/a0038628.

[181] Eby, L. T. , Casper, W. J. , Lockwood, A. , Bordeaux, C. , Brinley,
A. (2005). Work and family research in IO/OB: Content analysis and re-
view of the literature (1980 – 2002). *Journal of Vocational Behavior*, 66,
124 – 197. doi: 10. 1016/j. jvb. 2003. 11. 003.

[182] Ehrhart, M. G. (2004). Leadership and procedural justice climate as an-
tecedents of unit – level organizational citizenship behavior. *Personnel Psy-
chology*, 57, 61 – 94. doi: 10. 1111/j. 1744 – 6570. 2004. tb02484. x.

[183] Eisenberg, N. , Fabes, R. A. , Spinrad, T. L. (2006). Prosocial devel-
opment. In N. Eisenberg, W. Damon, & R. M. Lerner (Eds.), *Handbook
of child psychology: Social, emotional, and personality development*
(pp. 646 – 718). Hoboken, NJ: John Wiley & Sons, Inc.

[184] Eisenberger, R. , Huntington, R. , Hutchison, S. , Sowa, D. (1986).
Perceived organizational support. *Journal of Applied Psychology*, 71, 500 –
507. doi: 10. 1037/0021 – 9010. 71. 3. 500.

[185] Eissa, G. , Lester, S. W. , Gupta, R. (2020). Interpersonal deviance
and abusive supervision: The mediating role of supervisor negative emo-
tions and the moderating role of subordinate organizational citizenship be-
havior. *Journal of Business Ethics*, 166, 577 – 594. *doi*: 10. 1007/s10551 –

019 - 04130 - x.

[186] Elliot, A. J. , Gable, S. L. , Mapes, R. R. (2006). Approach and a-voidance motivation in the social domain. *Personality and Social Psychology Bulletin*, 32, 378 - 391. doi: 0. 1177/0146167205282153.

[187] Ellis, A. M. , Bauer, T. N. , Mansfield, L. R. , Erdogan, B. , Truxil-lo, D. M. (2015). Navigating uncharted waters: Newcomer socialization through the lens of stress theory. *Journal of Management*, 41, 203 - 235. doi: 10. 1177/0149206314557525.

[188] Emerson, R. M. (1976). Social exchange theory. *Annual Review of Sociology*, 2, 335 - 362. doi: 10. 1146/annurev. so. 02. 080176. 002003.

[189] Emmons, R. A. (2000). Is spirituality an intelligence? Motivation, cognition, and the psychology of ultimate concern. *The International Journal for the Psychology of Religion*, 10, 3 - 26. doi: 10. 1207/S15327582IJPR 1001_2.

[190] Emmons, R. A. , Crumpler, C. A. (2000). Gratitude as a human strength: Appraising the evidence. *Journal of Social and Clinical Psychology*, 19, 56 - 69. doi: 10. 1521/jscp. 2000. 19. 1. 56.

[191] Emmons, R. A. , McCullough, M. E. (2003). Counting blessings versus burdens: An experimental investigation of gratitude and subjective well - being in daily life. *Journal of Personality and Social Psychology*, 84, 377 - 389. doi: 10. 1037/0022 - 3514. 84. 2. 377.

[192] Emmons, R. A. , Mccullough, M. E. , Tsang, J. A. (2003). The assessment of gratitude. In S. Lopez C. R. Snyder (Eds.), *Handbook of positive psychology assessment* (pp. 327 - 342). American Psychological Association Press.

[193] Epley, N. , Caruso, E. , Bazerman, M. H. (2006). When perspective taking increases taking: Reactive egoism in social interaction. *Journal of Personality and Social Psychology*, 91, 872 - 889. doi: 10. 1037/0022 - 3514. 91. 5. 872.

[194] Erdogan, B. , Bauer, T. N. (2021). Overqualification at work: Areview and synthesis of the literature. *Annual Review of Organizational Psychology and Organizational Behavior*, 8, 259 - 283. doi: 10. 1146/annurev - org-

psych – 012420 – 055831.

[195] Erdogan, B. , Bauer, T. N. , Peiró, J. M. , Truxillo, D. M. (2011a). Overqualification theory, research, and practice: Things that matter. *Industrial and Organizational Psychology*, 4, 260 – 267. doi: 10. 1111/j. 1754 – 9434. 2011. 01339. x.

[196] Erdogan, B. , Bauer, T. N. , Peiró, J. M. , Truxillo, D. M. (2011b). Overqualified employees: Making the best of a potentially bad situation for individuals and organizations. *Industrial and Organizational Psychology*, 4, 215 – 232. doi: 10. 1111/j. 1754 – 9434. 2011. 01330. x.

[197] Ete, Z. , Sosik, J. J. , Cheong, M. , Chun, J. U. , Scherer, J. A. (2020). Leader honesty/humility and subordinate organizational citizenship behavior: A case of too much of a good thing? *Journal of Managerial Psychology*, 35, 391 – 404. doi: 10. 1108/JMP – 10 – 2019 – 0557.

[198] Euwema, M. C. , Wendt, H. , Van Emmerik, H. (2007). Leadership styles and group organizational citizenship behavior across cultures. *Journal of Organizational Behavior*, 28, 1035 – 1057. doi: 10. 1002/job. 496.

[199] Exline, J. J. , Bushman, B. J. , Baumeister, R. F. , Keith Campbell, W. , Finkel, E. J. (2004). Too proud to let go: Narcissistic entitlement as a barrier to forgiveness. *Journal of Personality and Social Psychology*, 87, 894 – 912. doi: 10. 1037/0022 – 3514. 87. 6. 894.

[200] Farh, J – L. , Podsakoff, P. M. , Organ, D. W. (1990). Accounting for organizational citizenship behavior: Leader fairness and task scope versus satisfaction. *Journal of Management*, 16, 705 – 721. doi: 10. 1177/0149 20639001600404.

[201] Fassina, N. E. , Jones, D. A. , Uggerslev, K. L. (2007). Relationship clean – up time: Using meta – analysis and path analysis to clarify relationships among job satisfaction, perceived fairness, and citizenship behaviors. *Journal of Management*, 34, 161 – 188. doi: 10. 1177/01492063073 09260.

[202] Fast, N. J. , Sivanathan, N. , Mayer, N. D. , Galinsky, A. D. (2012). Power and overconfident decision – making. *Organizational Behavior and Human Decision Processes*, 117, 249 – 260. doi: 10. 1016/

j. obhdp. 2011. 11. 009.

[203] Fehr, E. , Gachter, S. (2002). Altruistic punishment in humans. *Nature*, 415, 137 – 140. doi: 10. 1038/415137a.

[204] Ferris, G. R. , Rogers, L. M. , Blass, F. R. , Hochwarter, W. A. (2009). Interaction of job - limiting pain and political skill on job satisfaction and organizational citizenship behavior. *Journal of Managerial Psychology*, 24, 584 – 608. doi: 10. 1108/02683940910989002.

[205] Fida, R. , Paciello, M. , Tramontano, C. , Fontaine, R. G. , Barbaranelli, C. , Farnese, M. L. (2015). An integrative approach to understanding counterproductive work behavior: The roles of stressors, negative emotions, and moral disengagement. *Journal of Business Ethics*, 130, 131 – 144. doi: 10. 1007/s10551 – 014 – 2209 – 5.

[206] Fine, S. , Nevo, B. (2008). Too smart for their own good? A study of perceived cognitive overqualification in the workforce. *The International Journal of Human Resource Management*, 19, 346 – 355. doi: 10. 1080/ 09585190701799937.

[207] Finkelstein, M. A. (2006). Dispositional predictors of organizational citizenship behavior: Motives, motive fulfillment, and role identity. *Social Behavior and Personality: An International Journal*, 34, 603 – 616. doi: 10. 2224/sbp. 2006. 34. 6. 603.

[208] Fisk, G. M. (2010). "I want it all and I want it now!" An examination of the etiology, expression, and escalation of excessive employee entitlement. *Human Resource Management Review*, 20, 102 – 114. doi: 10. 1016/j. hrmr. 2009. 11. 001.

[209] Ford, M. T. , Heinen, B. A. , Langkamer, K. L. (2007). Work and family satisfaction and conflict: A meta – analysis of cross – domainrelations. *Journal of Applied Psychology*, 92, 57 – 80. doi: 10. 1037/0021 – 9010. 92. 1. 57.

[210] Fox, S. , Spector, P. E. (1999). A model of work frustration – aggression. *Journal of Organizational Behavior*, 20, 915 – 931. doi: 10. 1002/ (SICI) 1099 – 1379 (199911) 20: 6 < 915: : AID – JOB918 > 3. 0. CO; 2 – 6.

[211] Franco, Z. E. , Blau, K. , Zimbardo, P. G. (2011). Heroism: A conceptual analysis and differentiation between heroic action and altruism. *Review of General Psychology*, 15, 99 – 113. doi: 10. 1037/a0022672.

[212] Franco, Z. E. , Efthimiou, O. , Zimbardo, P. G. (2016). Heroism and eudaimonia: Sublime actualization through the embodiment of virtue. *Handbook of Eudaimonic Well – Being.* Springer International Publishing.

[213] Frazier, M. L. , Jaczko, M. C. (2021). Leader Machiavellianism as an Antecedent to Ethical Leadership: The Impact on Follower Psychological Empowerment and Work Outcomes. *Journal of Leadership & Organizational Studies*, 28, 154 – 168. doi: 10. 1177/1548051820971293.

[214] Fredrickson, B. L. (2004). Gratitude, like other positive emotions, broadens and builds. *The psychology of gratitude* (pp. 145 – 166). Oxford University Press. doi: 10. 1093/acprof: oso/9780195150100. 003. 0008.

[215] Froh, J. J. , Bono, G. , Emmons, R. (2010). Being grateful is beyond good manners: Gratitude and motivation to contribute to society among early adolescents. *Motivation and Emotion*, 34, 144 – 157. doi: 10. 1007/s11031 – 010 – 9163 – z.

[216] Froh, J. J. , Kashdan, T. B. , Ozimkowski, K. M. , Miller, N. (2009). Who benefits the most from a gratitude intervention in children and adolescents? Examining positive affect as a moderator. *Journal of Positive Psychology*, 4, 408 – 422. doi: 10. 1080/17439760902992464.

[217] Froh, J. J. , Yurkewicz, C. , Kashdan, T. B. (2009). Gratitude and subjective well – being in early adolescence: Examining gender differences. *Journal of Adolescence*, 32, 633 – 650. doi: 10. 1016/j. adolescence. 2008. 06. 006.

[218] Frone, M. R. , Russell, M. , Cooper, M. L. (1992). Antecedents and outcomes of work – family conflict: Testing a model of the work – family interface. *Journal of Applied Psychology*, 77, 65 – 78. doi: 10. 1037/0021 – 9010. 77. 1. 65.

[219] Frone, M. R. , Russell, M. , Cooper, M. L. (1996). Work – family

conflict, gender, and health – related outcomes: A study of employedparents in two community samples. *Journal of Occupational Health Psychology*, 1, 57 – 69. doi: 10. 1037/1076 – 8998. 1. 1. 57.

[220] Frone, M. R. , Russell, M. , Cooper, M. L. (1997). Relation of work – family conflict to health outcomes: A four – year longitudinal study of employed parents. *Journal of Occupational and Organizational Psychology*, 70, 325 – 335. doi: 10. 1111/j. 2044 – 8325. 1997. tb00652. x.

[221] Furnham, A. (2003). *The psychology of behaviour at work*. Psychology Press.

[222] Furnham, A. , Procter, E. (1992). Sphere – specific just world beliefs and attitudes to AIDS. *Human Relations*, 45, 265 – 280. doi: 10. 1177/001872679204500303.

[223] Gabriel, A. S. , Diefendorff, J. M. , Bennett, A. A. , Sloan, M. D. (2017). It's about time: The promise of continuous rating assessments for the organizational sciences. *Organizational Research Methods*, 20, 32 – 60. doi: 10. 1177/1094428116673721.

[224] Gabriel, A. S. , Koopman, J. , Rosen, C. C. , Johnson, R. E. (2018). Helping others or helping oneself? An episodic examination of the behavioral consequences of helping at work. *Personnel Psychology*, 71, 85 – 107. doi: 10. 1111/peps. 12229.

[225] Galinsky, A. D. , Gruenfeld, D. H. , Magee, J. C. (2003). Frompower to action. *Journal of Personality and Social Psychology*, 85, 453 – 466. doi: 10. 1037/0022 – 3514. 85. 3. 453.

[226] Gangestad, S. W. , Snyder, M. (2000). Self – monitoring: Appraisal and reappraisal. *Psychological Bulletin*, 126, 530 – 555. doi: 10. 1037/0033 – 2909. 126. 4. 530.

[227] Garcia, P. R. J. M. , Restubog, S. L. D. , Lu, V. N. , Amarnani, R. K. , Wang, L. , Capezio, A. (2019). Attributions of blame for customer mistreatment: Implications for employees' service performance and customers' negative word of mouth. *Journal of Vocational Behavior*, 110*PA*, 203 – 213. doi: 10. 1016/j. jvb. 2018. 12. 001.

[228] Gardberg, N. A, Fombrun, C. J. (2006). Corporate citizenship: Crea-

ting intangible assets across institutional environments. *Academy of Management Review*, 31, 329 – 346. doi: 10. 5465/amr. 2006. 20208684.

[229] Gardner, W. L. , Martinko, M. J. (1988). Impression management in organizations. *Journal of Management*, 14, 321 – 338. doi: 10. 1177/ 014920638801400210.

[230] Garnefski, N. , Kraaij, V. (2006). Relationships between cognitive e-motion regulation strategies and depressive symptoms: A comparative study of five specific samples. *Personality and Individual Differences*, 40, 1659 – 1669. doi: 10. 1016/j. paid. 2005. 12. 009.

[231] Gino, F. , Ariely, D. (2012). The dark side of creativity: Original thinkers can be more dishonest. *Journal of Personality and Social Psychology*, 102, 445 – 459. doi: 10. 1037/a0026406.

[232] Gino, F. , Pierce, L. (2009). The abundance effect: Unethical behavior in thepresence of wealth. *Organizational Behavior and Human Decision Processes*, 109, 142 – 155. doi: 10. 1016/j. obhdp. 2009. 03. 003.

[233] Glomb, T. M. , Bhave, D. P. , Miner, A. G. , Wall, M. (2011). Doing good, feeling good: Examining the role of organizational citizenship behaviors in changing mood. *Personnel Psychology*, 64, 191 – 223. doi: 10. 1111/j. 1744 – 6570. 2010. 01206. x.

[234] Goffman, E. (1959). *The presentation of self in everyday life.* New York: Penguin.

[235] Goleman, D. (1995). *Emotional intelligence* (pp. xiv, 352). New York: Bantam Books, Inc.

[236] Gordon, A. M. , Impett, E. A. E. , Kogan, A. , Oveis, C. , Keltner, D. (2012). To have and to hold: Gratitude promotes relationship maintenance in intimate bonds. *Journal of Personality and Social Psychology*, 103, 257 – 274. doi: 10. 1037/a0028723.

[237] Gordon, C. L. , Arnette, R. A. M. , Smith, R. E. (2011). Have you thanked your spouse today?: Felt and expressed gratitude among married couples. *Personality and Individual Differences*, 50, 339 – 343. doi: 10. 1016/j. paid. 2010. 10. 012.

[238] Gouldner, A. (1960). The norm of reciprocity: A preliminary state-

ment. American Sociological Review, 25, 161 – 178. doi: 10. 2307/20 92623.

[239] Graen, G. B. , Uhl – Bien, M. (1995). Relationship – based approach to leadership: Development of leader – member exchange (LMX) theory of leadership over 25 years: Applying a multi – level multi – domain perspective. *Leadership Quarterly*, 6, 219 – 247. doi: 10. 1016/1048 – 9843 (95) 90036 – 5.

[240] Graham, S. (1988). Children's developing understanding of the motivational role of affect: An attributional analysis. *Cognitive Development*, 3, 71 – 88. doi: 10. 1016/0885 – 2014 (88) 90031 – 7.

[241] Grandey, A. A, Cropanzano, R. (1999). The conservation of resources model applied to work – family conflict and strain. *Journal of Vocational Behavior*, 54, 350 – 370. doi: 10. 1006/jvbe. 1998. 1666.

[242] Grandey, A. A. , Melloy, R. C. (2017). The state of the heart: Emotional labor as emotion regulation reviewed and revised. *Journal of Occupational Health Psychology*, 22, 407 – 422. doi: 10. 1037/ocp0000067.

[243] Grant, A. M. (2007). Relational job design and the motivation to make a prosocial difference. *Academy of Management Review*, 32, 393 – 417. doi: 10. 5465/AMR. 2007. 24351328.

[244] Grant, A. M. (2013). *Give and take: A revolutionary approach to success*. Viking.

[245] Grant, A. M. , Berry, J. (2011). The necessity of others is the mother of invention: Intrinsic and prosocial motivations, perspective taking, and creativity. *Academy of Management Journal*, 54, 73 – 96. doi: 10. 5465/ amj. 2011. 59215085.

[246] Grant, A. M. , Mayer, D. M. (2009). Good soldiers and good actors: Prosocial and impression management motives as interactive predictors of affiliative citizenship behaviors. *Journal of Applied Psychology*, 94, 900 – 912. doi: 10. 1037/a0013770.

[247] Grant, A. M. , Sonnentag, S. (2010). Doing good buffers against feeling bad: Prosocial impact compensates for negative task and self – evaluations. *Organizational Behavior and Human Decision Processes*, 111, 13 –

22. doi：10. 1016/j. obhdp. 2009. 07. 003.

[248] Greenberg, J. (1990). "Employee theft as a reaction to underpayment in-equity：The hidden cost of pay cuts"：Correction. *Journal of Applied Psychology*, 75, 667 – 667. doi：10. 1037/0021 – 9010. 75. 6. 667.

[249] Greenhaus, J. H. , Beutell, N. J. (1985). Sources of conflict between work and family roles. *Academy of Management Review*, 10, 76 – 88. doi：10. 5465/AMR. 1985. 4277352.

[250] Greenidge, D. , Devonish, D. , Alleyne, P. (2014). The relationship between ability – based emotional intelligence and contextual performance and counterproductive work behaviors：A test of the mediating effects of job satisfaction. *Human Performance*, 27, 225 – 242. doi：10. 1080/089 59285. 2014. 913591.

[251] Greenleaf, R. K. (2002). *Servant leadership：A journey into the nature of legitimate power and greatness, 25th anniversary ed* (pp. x, 370). Paulist Press.

[252] Griep, Y. , Germeys, L. , Kraak, J. M. (2021). Unpacking the rela-tionship between organizational citizenship behavior and counterproductive work behavior：Moral licensing and temporal focus. *Group & Organization Management*, 46, 819 – 856. *doi*：10. 1177/1059601121995366.

[253] Griffeth, R. W. , Hom, P. W. , Gaertner, S. (2000). A meta – analy-sis of antecedents and correlates of employee turnover：Update, moderator tests, and research implications for the next millennium. *Journal of Man-agement*, 26, 463 – 488. doi：10. 1177/014920630002600305.

[254] Grijalva, E. , Newman, D. A. (2015). Narcissism and counterproduc-tive work behavior (CWB)：Meta – analysis and consideration of collectiv-ist culture, big five personality, and narcissism's facet structure. *Applied Psychology*, 64, 93 – 126. doi：10. 1111/apps. 12025.

[255] Gross, J. J. (1998a). The emerging field of emotion regulation：An inte-grative review. *Review of General Psychology*, 2, 271 – 299. doi：10. 1037/1089 – 2680. 2. 3. 271.

[256] Gross, J. J. (1998b). Antecedent – and response – focused emotion regu-lation：Divergent consequences for experience, expression, and physiolo-

gy. *Journal of Personality and Social Psychology*, 74, 224 – 237. doi: 10. 1037/0022 – 3514. 74. 1. 224.

[257] Gross, J. J. (2015). The extended process model of emotion regulation: Elaborations, applications, and future directions. *Psychological Inquiry*, 26, 130 – 137. doi: 10. 1080/1047840X. 2015. 989751.

[258] Gross, J. J. , John, O. P. (2003). Individual differences in two emotion regulation processes: Implications for affect, relationships, and well – being. *Journal of Personality and Social Psychology*, 85, 348 – 362. doi: 10. 1037/0022 – 3514. 85. 2. 348.

[259] Grzywacz, J. G. , Marks, N. F. (2000). Reconceptualizing the work – family interface: An ecological perspective on the correlates of positive and negative spillover between work and family. *Journal of Occupational Health Psychology*, 5, 111 – 126. doi: 10. 1037/1076 – 8998. 5. 1. 111.

[260] Guan, Y. , Zhou, W. , Ye, L. , Jiang, P. , Zhou, Y. (2015). Perceived organizational career management and career adaptability as predictors of success and turnover intention among Chinese employees. *Journal of Vocational Behavior*, 88, 230 – 237. doi: 10. 1016/j. jvb. 2015. 04. 002.

[261] Gushue, G. V. , Scanlan, K. R. , Pantzer, K. M. , Clarke, C. P. (2006). The relationship among support, ethnic identity, career decision self – efficacy, and outcome expectations in African American high school students: Applying social cognitive career theory. *Journal of Career Development*, 33, 112 – 124. doi: 10. 1177/0894845306293416.

[262] Hackman, J. R. , Oldham, G. R. (1976). Motivation through the design of work: Test of a theory. *Organizational Behavior and Human Performance*, 16, 250 – 279. doi: 10. 1016/0030 – 5073 (76) 90016 – 7.

[263] Hafer, C. L. (2000). Do innocent victims threaten the belief in a just world? Evidence from a modified Stroop task. *Journal of Personality and Social Psychology*, 79, 165 – 173. doi: 10. 1037/0022 – 3514. 79. 2. 165.

[264] Hafer, C. L. , Bègue, L. (2005). Experimental research on just – world theory: Problems, developments, and future challenges. *Psychological Bulletin*, 131, 128 – 167. doi: 10. 1037/0033 – 2909. 131. 1. 128.

［265］ Hafer, C. L. , Busseri, M. A. , Rubel, A. N. , Drolet, C. E. , Cher-rington, J. N. (2020). A latent factor approach to belief in a just world and its association with well – being. *Social Justice Research*, 33, 1 – 17. doi: 10. 1007/s11211 – 019 – 00342 – 8.

［266］ Hafer, C. L. , Gosse, L. (2010). Preserving the belief in a just world: When and for whom are different strategies preferred? In D. R. Bobocel, A. C. Kay, M. P. Zanna, & J. M. Olson (Eds.), *The psychology of justice and legitimacy* (pp. 79 – 102). Psychology Press.

［267］ Hafer, C. L. , Olson, J. M. (2003). An analysis of empirical research on the scope of justice. *Personality and Social Psychology Review*, 7, 311 – 323. doi: 10. 1207/S15327957PSPR0704_04.

［268］ Hai, S. , Wu, K. , Park, I. J. , Li, Y. , Tang, Y. (2020). The role of perceived high – performance HR practices and transformational leader-ship on employee engagement and citizenship behaviors. *Journal of Manage-rial Psychology*, 35, 513 – 526. doi: 10. 1108/JMP – 03 – 2019 – 0139.

［269］ Haidt, J. (2008). Morality. *Perspectives on Psychological Science*, 3, 65 – 72. doi: 10. 1111/j. 1745 – 6916. 2008. 00063. x.

［270］ Haidt, J. (2001). The emotional dog and its rational tail: A social intui-tionist approach to moral judgment. *Psychological Review*, 108, 814 – 834. doi: 10. 1037/0033 – 295X. 108. 4. 814.

［271］ Halbesleben, J. R. B. , Bowler, Wm. M. , Bolino, M. C. , Turnley, W. H. (2010). Organizational concern, prosocial values, or impression management? How supervisors attribute motives to organizational citizen-ship behavior. *Journal of Applied Social Psychology*, 40, 1450 – 1489. doi: 10. 1111/j. 1559 – 1816. 2010. 00625. x.

［272］ Halbesleben, J. R. B. , Harvey, J. , Bolino, M. C. (2009). Too en-gaged? A conservation of resources view of the relationship between work engagement and workinterference with family. *Journal of Applied Psychol-ogy*, 94, 1452 – 1465. doi: 10. 1037/a0017595.

［273］ Hammer, L. B. , Neal, M. B. , Newsom, J. T. , Brockwood, K. J. , Colton, C. L. (2005). A longitudinal study of the effects of dual – earner couples' utilization of family – friendly workplace supports on work and family outcomes. *Journal of Applied Psychology*, 90, 799 – 810. doi: 10. 1037/0021 – 9010. 90. 4. 799.

[274] Harari, M. B. , Manapragada, A. , Viswesvaran, C. (2017). Who thinks they're a big fish in a small pond and why does it matter? A meta – analysis of perceived overqualification. *Journal of Vocational Behavior*, 102, 28 – 47. doi: 10. 1016/j. jvb. 2017. 06. 002.

[275] Harari, M. B. , Reaves, A. C. , Viswesvaran, C. (2016). Creative and innovative performance: A meta – analysis of relationships with task, citizenship, and counterproductive job performance dimensions. *European Journal of Work and Organizational Psychology*, 25, 495 – 511. doi: 10. 1080/1359432X. 2015. 1134491.

[276] Hardy, S. A. , Carlo, G. (2005). Identity as a source of moral motivation. *Human Development*, 48, 232 – 256. doi: 10. 1159/000086859.

[277] Harris, C. M. , Lavelle, J. J. , Mcmahan, G. C. (2020). The effects of internal and external sources of justice on employee turnover intention and organizationalcitizenship behavior toward clients and workgroup members. *International Journal of Human Resource Management*, 31, 2141 – 2164. doi: 10. 1080/09585192. 2018. 1441163.

[278] Harris, P. (2007). The impact of perceived experience on likelihood judgments for self and others: An experimental approach. *European Journal of Social Psychology*, 37, 141 – 151. doi: 10. 1002/ejsp. 339.

[279] Hart, W. , Richardson, K. , Tortoriello, G. K. , Breeden, C. J. (2019). Revisiting profiles and profile comparisons of grandiose and vulnerable narcissismon self – presentation tactic use. *Personality and Individual Differences*, 151. doi: 10. 1016/j. paid. 2019. 109523.

[280] Harvey, P. , Harris, K. J. (2010). Frustration – based outcomes of entitlement and the influence of supervisor communication. *Human Relations*, 63, 1639 – 1660. doi: 10. 1177/0018726710362923.

[281] Harvey, P. , Martinko, M. J. (2009). An empirical examination of the role of attributions in psychological entitlement and its outcomes. *Journal of Organizational Behavior*, 30, 459 – 476. doi: 10. 1002/job. 549.

[282] Hershcovis, M. S. , Turner, N. , Barling, J. , Arnold, K. A. , Dupre,

K. E. , Inness, M. , LeBlanc, M. M. , Sivanathan, N. (2007). Predicting workplace aggression: A meta – analysis. *Journal of Applied Psychology*, 92, 228 – 238. doi: 10. 1037/0021 – 9010. 92. 1. 228.

[283] Hertz, S. G. , Krettenauer, T. (2016). Does moral identity effectively predict moral behavior? A meta – analysis. *Review of General Psychology*, 20, 129 – 140. doi: 10. 1037/gpr0000062.

[284] Hewlin, P. F. , Dumas, T. L. , Burnett, M. F. (2017). To thine own self be true? Facades of conformity, values incongruence, and the moderating impact of leader integrity. *Academy of Management Journal*, 60, 178 – 199. doi: 10. 5465/amj. 2013. 0404.

[285] Higgins, C. A. , Judge, T. A. , Ferris, G. R. (2003). Influence tactics and work outcomes: A meta – analysis. *Journal of Organizational Behavior*, 24, 89 – 106. doi: 10. 1002/job. 181.

[286] Hill, E. J. (2005). Work – family facilitation and conflict, working fathers and mothers, work – family stressors and support. *Journal of Family Issues*, 26, 793 – 819. doi: 10. 1177/0192513X05277542.

[287] Hill, P. L. , Allemand, M. , Roberts, B. W. (2013). Examining the pathways between gratitude and self – rated physical health across adulthood. *Personality and Individual Differences*, 54, 92 – 96. doi: 10. 1016/ j. paid. 2012. 08. 011.

[288] Hirschi, A. , Herrmann, A. , Keller, A. C. (2015). Career adaptivity, adaptability, and adapting: A conceptual and empirical investigation. *Journal of Vocational Behavior*, 87, 1 – 10. doi: 10. 1016/j. jvb. 2014. 11. 008.

[289] Hobfoll, S. E. (1989). Conservation of resources: A new attempt at conceptualizing stress. *American Psychologist*, 44, 513 – 524. doi: 10. 1037//0003 – 066X. 44. 3. 513.

[290] Hobfoll, S. E. (2002). Social and psychological resources and adaptation. *Review of General Psychology*, 6, 307 – 324. doi: 10. 1037/1089 – 2680. 6. 4. 307.

[291] Hockey, G. R. J. (1997). Compensatory control in the regulation of human performance under stress and high workload: A cognitive – energetical

framework. *Biological Psychology*, 45, 73 – 93. doi: 10. 1016/S0301 – 0511 (96) 05223 – 4.

[292] Hoffman, M. L. (2000). *Empathy and moral development: Implications for caring and justice.* Cambridge University Press.

[293] Hofstede, G. (1980). *Culture's consequences: International differences in work – related values.* Sage.

[294] Hofstede, G. (2001). Culture's consequences: Comparing values, behaviors, institutions and organizations across nations. *Sage Publications.*

[295] Holtz, B. C., Harold, C. M. (2013). Effects of leadership consideration and structure on employee perceptions of justice and counterproductive work behavior. *Journal of Organizational Behavior*, 34, 492 – 519. doi: 10. 1002/job. 1825.

[296] Homans, G. C. (1958). Social behavior as exchange. *American Journal of Sociology*, 63, 597 – 606. doi: 10. 1086/222355.

[297] Hoobler, J. M., Rospenda, K. M., Lemmon, G., Rosa, J. A. (2010). A within – subject longitudinal study of the effects of positive job experiences and generalized workplace harassment on well – being. *Journal of Occupational Health Psychology*, 15, 434 – 451. doi: 10. 1037/a0021000.

[298] House, R. J., Hanges, P. J., Javidan, M., Dorfman, P. W., Gupta, V. (2004). *Culture, leadership, and organizations: The GLOBE study of 62 societies.* Sage publications.

[299] Hu, D., Zhang, B., Wang, M. (2015). A study on the relationship among transformational leadership, organizational identification and voice behavior. *Journal of Service Science and Management*, 08, 142 – 148. doi: 10. 4236/jssm. 2015. 81017.

[300] Hu, J., Liden, R. C., Clarity, P. (2011). Antecedents of team potency and team effectiveness: An examination of goal and process clarity and servant leadership. *Journal of Applied Psychology*, 96, 851 – 862. doi: 10. 1037/a0022465.

[301] Hui, C., Lam, S. S. K., Law, K. S. (2000). Instrumental values of organizational citizenship behavior for promotion: A field quasi – experi-

ment. *Journal of Applied Psychology*, 85, 822 – 828. doi: 10. 1037/0021 – 9010. 85. 5. 822.

[302] Hui, C. , Lee, C. , Wang, H. (2015). Organizational inducements and employee citizenship behavior: The mediating role of perceived insider status and the moderating role of collectivism. *Human Resource Management*, 54, 439 – 456. doi: 10. 1002/hrm. 21620.

[303] Hunter, E. M. , Penney, L. M. (2014). The waiter spit in my soup! Antecedents of customer – directed counterproductive work behavior. *Human Performance*, 27, 262 – 281. doi: 10. 1080/08959285. 2014. 913595.

[304] Hurst, C. S. , Baranik, L. E. , Clark, S. (2016). Job content plateaus: Justice, job satisfaction, and citizenship behavior. *Journal of Career Development*, 44, 283 – 296. doi: 10. 1177/0894845316652250.

[305] Huston, T. , Ruggiero, M. , Conner, R. , Geis, G. (1981). Bystander intervention into crime: A study based on naturally – occurring episodes. *Social Psychology Quarterly*, 44, 14 – 23. doi: 10. 2307/3033858.

[306] Ilies, R. , Fulmer, I. S. , Spitzmuller, M. , Johnson, M. D. (2009). Personality and citizenship behavior: The mediating role of job satisfaction. *Journal of Applied Psychology*, 94, 945 – 959. doi: 10. 1037/a0013329.

[307] Ilies, R. , Scott, B. A. , Judge, T. A. (2006). The interactive effects of personal traits and experienced states on interindividual patterns of citizenship behavior. *Academy of Management Journal*, 49, 561 – 575. doi: 10. 5465/AMJ. 2006. 21794672.

[308] Iliescu, D. , Ispas, D. , Sulea, C. , Ilie, A. (2014). Vocational fit and counterproductive work behaviors: A self – regulation perspective. *Journal of Applied Psychology*, 100, 21 – 39. doi: 10. 1037/a0036652.

[309] Inglehart, R. (1997). *Modernization and postmodernization: Cultural, economic, and political change in 43 societies.* Princeton: Princeton University Press.

[310] Isen, A. M. (1984). Toward understanding the role of affect in cogni-

tion. In R. S. Wyer T. J. Srull (Eds.), *Handbook of social cognition* (pp. 179 – 236). Hillsdale, NJ: Erlbaum.

[311] Jain, A. K. (2016). Volunteerism, affective commitment and citizenship behavior. *Journal of Managerial Psychology*, 31, 657 – 671. doi: 10. 1108/JMP – 02 – 2014 – 0042.

[312] Jian, K., Sun, S., Dong, H., Zeng, X. (2021). Belief in a just world, health – related quality of life, and mental health among Chinese patients with chronic obstructive pulmonary disease. *Quality of Life Research*, 30, 157 – 167. doi: 10. 1007/s11136 – 020 – 02619 – x.

[313] Jiao, C., Richards, D. A., Zhang, K. (2011). Leadership and organizational citizenship behavior: OCB – specific meanings as mediators. *Journal of Business and Psychology*, 26, 11 – 25. doi: 10. 1007/s10869 – 010 – 9168 – 3.

[314] Johnson, G. J., Johnson, W. R. (2000). Perceived overqualification and dimensions of job satisfaction: A longitudinal analysis. *Journal of Psychology*, 134, 537 – 555. doi: 10. 1080/00223980009598235.

[315] Johnson, R. E., Lanaj, K., Barnes, C. M. (2014). The good andbad of being fair: Effects of procedural and interpersonal justice behaviors on regulatory resources. *Journal of Applied Psychology*, 99, 635 – 650. doi: 10. 1037/a0035647.

[316] Joireman, J., Kamdar, D., Daniels, D., Duell, B. (2006). Good citizens to the end? It depends: Empathy and concern with future consequences moderate the impact of a short – term time horizon on organizational citizenship behaviors. *Journal of Applied Psychology*, 91, 1307 – 1320. doi: 10. 1037/0021 – 9010. 91. 6. 1307.

[317] Jost, J. T., Hunyady, O. (2005). Antecedents and consequences of system – justifying ideologies. *Current Directions in Psychological Science*, 14, 260 – 265. doi: 10. 1111/j. 0963 – 7214. 2005. 00377. x.

[318] Jost, J. T., Banaji, M. R. (1994). The role of stereotyping in system – justification and the production of false consciousness. *British Journal of Social Psychology*, 33, 1 – 27. doi: 10. 1111/j. 2044 – 8309. 1994. tb 01008. x.

[319] Jost, J. T. , Banaji, M. R. , Nosek, B. A. (2004). A decade of system justification theory: Accumulated evidence of conscious and unconscious bolstering of the status quo. *Political Psychology*, 25, 881 – 919. doi: 10. 1111/j. 1467 –9221. 2004. 00402. x.

[320] Jost, J. T. , Federico, C. M. , Napier, J. L. (2009). Political ideology: Its structure, functions, and elective affinities. *Annual Review of Psychology*, 60, 307 – 337. doi: 10. 1146/annurev. psych. 60. 110707. 163600.

[321] Jost, J. T. , Glaser, J. , Kruglanski, A. W. , Sulloway, F. J. (2003). Political conservatism as motivated social cognition. *Psychological Bulletin*, 129, 339 – 375. doi: 10. 1037/0033 – 2909. 129. 3. 339.

[322] Jost, J. T. , Hunyady, O. (2005). Antecedents and consequences of system – justifying ideologies. *Current Directions in Psychological Science*, 14, 260 – 265. doi: 10. 1111/j. 0963 – 7214. 2005. 00377. x.

[323] Jost, J. T. , Nosek, B. A. , Gosling, S. D. (2008). Ideology: Its resurgence in social, personality, and political psychology. *Perspectives on Psychological Science*, 3, 126 – 136. doi: 10. 1111/j. 1745 – 6916. 2008. 00070. x.

[324] Judge, T. A. , Bono, J. E. , Locke, E. A. (2000). Personalilty and Job Satisfaction: The Mediating Role of Job Characteristics. *Journal of Applied Psychology*, 85, 237 – 249. doi: 10. 1037/0021 – 9010. 85. 2. 237.

[325] Kacmar, K. M. , Bachrach, D. G. , Harris, K. J. , Zivnuska, S. (2011). Fostering good citizenship through ethical leadership: Exploring the moderating role of gender and organizational politics. *Journal of Applied Psychology*, 96, 633 – 642. doi: 10. 1037/a0021872.

[326] Kahneman, D. , Knetsch, J. L. , Thaler, R. H. (1991). Anomalies: The endowment effect, loss aversion, and status quo bias. *Journal of Economic Perspectives*, 5, 193 – 206. doi: 10. 1257/jep. 5. 1. 193.

[327] Kalshoven, K. , Den Hartog, D. N. , De Hoogh, A. H. B. (2011). Ethical leadership at work questionnaire (ELW): Development and validation of a multidimensional measure. *The Leadership Quarterly*, 22, 51 – 69. doi: 10. 1016/j. leaqua. 2010. 12. 007 .

[328] Kant, I. (2011). *Groundwork of the metaphysics of morals*. Cambridge,

UK: Cambridge University Press.

[329] Karam, C. M. (2011). Good organizational soldiers: Conflict - related stress predicts citizenship behavior. *International Journal of Conflict Management*, 22, 300 – 319. doi: 10. 1108/10444061111152982.

[330] Karam, C. M. , Kwantes, C. T. (2011). Contextualizing cultural orientation and organizational citizenship behavior. *Journal of International Management*, 17, 303 – 315. doi: 10. 1016/j. intman. 2011. 05. 007.

[331] Kashdan, T. B. , Mishra, A. , Breen, W. E. , Froh, J. J. (2009). Gender differences in gratitude: Examining appraisals, narratives, the willingness to express emotions, and changes in psychological needs. *Journal of Personality*, 77, 691 – 730. doi: 10. 1111/j. 1467 – 6494. 2009. 00562. x.

[332] Kashdan, T. B. , Uswatte, G. , Julian, T. (2006). Gratitude and hedonic and eudaimonic well – being in Vietnam war veterans. *Behaviour Research & Therapy*, 44, 177 – 199. doi: 10. 1016/j. brat. 2005. 01. 005.

[333] Kelloway, E K, Gottlieb, B. H. , Barham, L. (1999). The source, nature, and direction of work and family conflict: A longitudinal investigation. *Journal of Occupational Health Psychology*, 4, 337 – 346. doi: 10. 1037/1076 – 8998. 4. 4. 337.

[334] Kelloway, E. K. , Loughlin, C. , Barling, J. , Nault, A. (2002). Self – reported counterproductive behaviors and organizational citizenship behaviors: Separate but related constructs. *International Journal of Selection and Assessment*, 10, 143 – 151. doi: 10. 1111/1468 – 2389. 00201.

[335] Kelly, E. L. , Kossek, E. E. , Hammer, L. B. , Durham, M. , Bray, J. , Chermack, K. , Murphy, L. A. , Kaskubar, D. (2008). Getting there from here: Research on the effects of work – family initiatives on work – family conflict and business outcomes. *Academy of Management Annals*, 2, 305 – 349. doi: 10. 5465/19416520802211610.

[336] Keltner, D. , Gruenfeld, D. H. , Anderson, C. (2003). Power, approach, and inhibition. *Psychological Review*, 110, 265 – 284. doi: 10. 1037/0033 – 295X. 110. 2. 265.

[337] Khan, A. K. , Quratulain, S. , Bell, C. M. (2014). Episodic envy and

counterproductive work behaviors: Is more justice always good? . *Journal of Organizational Behavior*, 35, 128 – 144. *doi*: 10. 1002/*job*. 1864.

[338] Kidwell, R. E. , Mossholder, K. W. , Bennett, N. (1997). Cohesiveness and organizational citizenship behavior: A multilevel analysis using work groups and individuals. *Journal of Management*, 23, 775 – 793. doi: 10. 1177/014920639702300605.

[339] Killen, A. , Macaskill, A. (2015). Using a gratitude intervention to enhance well – being in older adults. *Journal of Happiness Studies*, 16, 947 – 964. doi: 10. 1007/s10902 – 014 – 9542 – 3.

[340] Kim, S. (2006). Public service motivation and organizational citizenship behavior in Korea. *International Journal of Manpower*, 27, 722 – 740. doi: 10. 1108/01437720610713521.

[341] Kim, S. , O'Neill, J. W. , Cho, H. M. (2010). When does an employee not help coworkers? The effect of leader – member exchange on employee envy and organizational citizenship behavior. *International Journal of Hospitality Management*, 29, 530 – 537. doi: 10. 1016/j. ijhm. 2009. 08. 003.

[342] Kinsella, E. L. , Ritchie, T. D. , Igou, E. R. (2015). Lay perspectiveson the social and psychological functions of heroes. *Frontiers in Psychology*, 6, 130. doi: 10. 3389/fpsyg. 2015. 00130.

[343] KiralUcar, G. , Hasta, D. , Kaynak Malatyali, M. (2019). The mediating role of perceived control and hopelessness in the relation between personal belief in a just world and life satisfaction. *Personality and Individual Differences*, 143, 68 – 73.

[344] Kizilos, M. A. , Cummings, C. , Cummings, T. G. (2013). How high – involvement work processes increase organization performance: ; The role of organizational citizenship behavior. *Journal of Applied Behavioral Science*, 49, 413 – 436. doi: 10. 1177/0021886313479998.

[345] Kleiman, E. M. , Adams, L. M. , Kashdan, T. B. , Riskind, J. H. (2013). Gratitude and grit indirectly reduce risk of suicidal ideations by enhancing meaning in life: Evidence for a mediated moderation model. *Journal of Research in Personality*, 47, 539 – 546. doi:

10. 1016/j. jrp. 2013. 04. 007.

[346] Klotz, A. C. , Bolino, M. C. , Song, H. , Stornelli, J. (2018). Examining the nature, causes, and consequences of profiles of organizational citizenship behavior. *Journal of Organizational Behavior*, 39, 629 – 647. doi: 10. 1002/job. 2259.

[347] Koen, J. , Klehe, U. C. , Vianen, A. E. M. , Van Vianen, A. E. M. (2012). Training career adaptability to facilitate a successfulschool – to – work transition. *Journal of Vocational Behavior*, 81, 395 – 408. doi: 10. 1016/j. jvb. 2012. 10. 003.

[348] Kohlberg, L. , Candee, D. (1984). The relationship of moral judgment to moral action. In W. M. Kurtines & J. L. Gewirtz (Eds.), *Morality, moral behavior, and moral development* (pp. 52 – 73). New York: John Wiley & Sons.

[349] Kohlberg, L. (1981). *The philosophy of moral development: Moral stages and the idea of justice.* San Francisco, CA: Harper and Row.

[350] Kohn, A. (1990). *The brighter side of human nature: Altruism and empathy in everyday life.* New York: Basic Books.

[351] Kohn, A. (1993). *Punished by rewards: The trouble with gold stars, incentive plans, A's, praise, and other bribes.* Boston, MA: Houghton Mifflin.

[352] Koning, L. F. , Van Kleef, G. A. (2015). How leaders' emotional displays shape followers' organizational citizenship behavior. *Leadership Quarterly*, 26, 489 – 501. doi: 10. 1016/j. leaqua. 2015. 03. 001.

[353] Konovsky, M. A. , Organ, D. W. (1996). Dispositional and contextual determinants of organizational citizenship behavior. *Journal of Organizational Behavior*, 17, 253 – 266. doi: 10. 1002/ (sici) 1099 – 1379 (199605) 17: 3 < 253: : aid – job747 > 3. 0. co; 2 – q.

[354] Konovsky, M. A. , Pugh, S. D. (1994). Citizenship behavior and social exchange. *Academy of Management Journal*, 37, 656 – 669. doi: 10. 2307/ 256704.

[355] Koopman, J. , Lanaj, K. , Scott, B. A. (2016). Integrating the bright and dark sides of OCB: A daily investigation of the benefits and costs of

helping others. *Academy of Management Journal*, 59, 414 – 435. doi: 10. 5465/amj. 2014. 0262.

[356] Kossek, E. E. , Ozeki, C. (1998). Work – family conflict, policies, and the job – life satisfaction relationship: A review and directions for organizational behavior – human resources research. *Journal of Applied Psychology*, 83, 139 – 149. doi: 10. 1037/0021 – 9010. 83. 2. 139.

[357] Koys, D. (2001). The effects of employee satisfaction, organizational citizenship behavior, and turnover on organizational effectiveness: A unit – level, longitudinal study. *Personnel Psychology*, 54, 101 – 114. doi: 10. 1111/j. 1744 – 6570. 2001. tb00087. x.

[358] Krasikova, D. V. , Green, S. G. , LeBreton, J. M. (2013). Destructive leadership: A theoretical review, integration, and future research agenda. *Journal of Management*, 39, 1308 – 1338. doi: 10. 1177/01492063124 71388.

[359] Kraus, M. W. , Piff, P. K. , Keltner, D. (2011). Social class as culture: The convergence of resources and rank in the social realm. *Current Directions in Psychological Science*, 20, 246 – 250. doi: 10. 1177/096372 1411414654.

[360] Krebs, D. L. (2008). Morality: An evolutionary account. *Perspectives on Psychological Science*, 3, 149 – 172. doi: 10. 1111/j. 1745 – 6924. 2008. 00072. x.

[361] Krishnakumar, S. , Robinson, M. D. (2015). Maintaining an even keel: An affect – mediated model of mindfulness and hostile work behavior. *Emotion*, 15, 579 – 589. doi: 10. 1037/emo0000060.

[362] Kruger, J. , Dunning, D. (1999). Unskilled and unaware of it: How difficulties in recognizing one's own incompetence lead to inflated self – assessments. *Journal of Personality and Social Psychology*, 77, 1121 – 1134. doi: 10. 1037/0022 – 3514. 77. 6. 1121.

[363] Kyei – Poku, I. (2014). The benefits of belongingness and interactional fairness to interpersonal citizenship behavior. *Leadership Organization Development Journal*, 35, 691 – 709. doi: 10. 1108/LODJ – 09 – 2012 – 0117.

[364] Lam, C. F. , Liang, J. , Ashford, S. J. , Lee, C. , Ashford, S. J. ,

Lee, C. (2015). Job insecurity and organizational citizenship behavior: Exploring curvilinear and moderated relationships. *Journal of Applied Psychology*, 100, 499 – 510. doi: 10. 1037/a0038659.

[365] Lam, C. F. , Wan, W. H. , Roussin, C. J. (2015). Going the extra mile and feeling energized: An enrichment perspective of organizational citizenship behaviors. *Journal of Applied Psychology*, 101, 379 – 391. doi: 10. 1037/apl0000071.

[366] Lambert, N. M. , Clark, M. S. , Durtschi, J. , Fincham, F. D. , Graham, S. M. (2010). Benefits of expressing gratitude: Expressing gratitude to a partner changes one's view of the relationship. *Psychological Science*, 21, 574 – 580. doi: 10. 1177/0956797610364003.

[367] Lambert, S. J. (2000). Added benefits: The link between work – life benefits and organizational citizenship behavior. *Academy of Management Journal*, 43, 801 – 815. doi: 10. 2307/1556411.

[368] Lammers, J. , Stapel, D. A. (2011). Power increases dehumanization. *Group Processes Intergroup Relations*, 14, 113 – 126. doi: 10. 1177/ 1368430210370042.

[369] Lammers, J. , Stapel, D. A. , Galinsky, A. D. (2010). Power increases hypocrisy: Moralizing in reasoning, immorality in behavior. *Psychological Science*, 21, 737 – 744. doi: 10. 1177/09567976 10368810.

[370] Lanaj, K. , Johnson, R. E. , Wang, M. (2016). When lending a hand depletes the will: The daily costs and benefits of helping. *Journal of Applied Psychology*, 101, 1097 – 1110. doi: 10. 1037/apl0000118.

[371] Lance Ferris, D. , Yan, M. , Lim, V. K. G. , Chen, Y. , Fatimah, S. (2016). An approach – avoidance framework of workplace aggression. *Academy of Management Journal*, 59, 1777 – 1800. doi: 10. 5465/amj. 2014. 0221.

[372] Lanyon, R. I. , Goodstein, L. D. (2004). Validity and reliability of a pre – employment screening test: The counterproductive behavior index (CBI). *Journal of Business and Psychology*, 18, 533 – 553. doi: 10. 2307/25092878.

[373] Lavelle, J. J. , Rupp, D. E. , Herda, D. N. , Pandey, A. , Lauck,

J. R. (2021). Customer injustice and employee performance: Roles of e-motional exhaustion, surface acting, and emotional demands – abilities fit. *Journal of Management*, 47, 654 – 682. doi: 10. 1177/0149206319 869426.

[374] Lavy, S., Littman – Ovadia, H. (2017). My better self: Using strengths at work and work productivity, organizational citizenship behavior, and satisfaction. *Journal of Career Development*, 44, 95 – 109. doi: 10. 1177/0894845316634056.

[375] Lawler, E. J., Thye, S. R., Yoon, J. (2008). Social exchange and micro social order. *American Sociological Review*, 73, 519 – 542. doi: 10. 1177/000312240807300401.

[376] Leary, M. R., Kowalski, R. M. (1990). Impression management: A literature review and two – component model. *Psychological Bulletin*, 107, 34 – 47. doi: 10. 1037/0033 – 2909. 107. 1. 34.

[377] Lee, H. J., Iijima, Y., Reade, C. (2011). Employee preference for performance – related pay: Predictors and consequences for organizational citizenship behaviour in a Japanese firm. *International Journal of Human Resource Management*, 22, 2086 – 2109. doi: 10. 1080/09585192. 2011. 560861.

[378] Lee, K., Allen, N. J. (2002). Organizational citizenship behavior and workplace deviance: The role of affect and cognitions. *Journal of Applied Psychology*, 87, 131 – 142. doi: 10. 1037/0021 – 9010. 87. 1. 131.

[379] Lee, S., Yun, S., Srivastava, A. (2013). Evidence for a curvilinear relationship between abusive supervision and creativity in South Korea. *The Leadership Quarterly*, 24, 724 – 731. doi: 10. 1016/j. leaqua. 2013. 07. 002.

[380] Lehmann – Willenbrock, N., Grohmann, A., Kauffeld, S. (2013). Promoting multifoci citizenship behavior: Time – lagged effects of procedural justice, trust, and commitment. *Applied Psychology: An International Review*, 62, 454 – 485. doi: 10. 1111/j. 1464 – 0597. 2012. 00488. x.

[381] Lemmon, G., Wayne, S. J. (2015). Underlying motives of organizational citizenship behavior: Comparing egoistic and altruistic motiva-

tions. *Journal of Leadership & Organizational Studies*, 22, 129 – 148. doi: 10. 1177/1548051814535638.

[382] Lemoine, G. J. , Parsons, C. K. , Kansara, S. (2015). Above and beyond, again and again: Self – regulation in the aftermath of organizational citizenship behaviors. *Journal of Applied Psychology*, 100, 40 – 55. doi: 10. 1037/a0036902.

[383] Lent, R. W. , Brown, S. D. (2013). Social cognitive model of career self – management: Toward a unifying view of adaptive career behavior across the life span. *Journal of Consulting Psychology*, 60, 557 – 568. doi: 10. 1037/a0033446.

[384] Lent, R. W. , Brown, S. D. , Hackett, G. (1994). Toward a unifying social cognitive theory of career and academic interest, choice, and performance. *Journal of Vocational Behavior*, 45, 79 – 122. doi: 10. 1006/ jvbe. 1994. 1027.

[385] LePine, J. A. , Erez, A. , Johnson, D. E. (2002). The nature and dimensionality of organizational citizenship behavior: A critical review and meta – analysis. *Journal of Applied Psychology*, 87, 52 – 65. doi: 10. 1037/0021 – 9010. 87. 1. 52.

[386] Lerner, M. J. (1965). Evaluation of performance as a function of performer's reward and attractiveness. *Journal of Personality and Social Psychology*, 1, 355 – 360. doi: 10. 1037/h0021806.

[387] Lerner, M. J. (1980). The belief in a just world: A fundamental delusion. New York: Plenum Press.

[388] Lerner, M. J. , Miller, D. T. (1978). Just world research and the attribution process: Looking back and ahead. *Psychological Bulletin*, 85, 1030 – 1051. doi: 10. 1037/0033 – 2909. 85. 5. 1030.

[389] Leung, S. A. (2008). The big five career theories. In J. A. Athanasou, R. V. Esbroeck (Ed.), *International Handbook of Career Guidance* (pp. 115 – 132). Springer Netherlands. https: //doi. org/10. 1007/978 – 1 – 4020 – 6230 – 8_6.

[390] Li, M. , Liu, W. , Han, Y. , Zhang, P. (2016). Linking empowering leadership and change – oriented organizational citizenship behavior: The

role of thriving at work and autonomy orientation. *Journal of Organizational Change Management*, 29, 732 – 750. doi: 10. 1108/JOCM – 02 – 2015 – 0032.

[391] Li, N. , Chiaburu, D. S. , Kirkman, B. L. (2017). Cross – level influences of empowering leadership on citizenship behavior: Organizational support climate as a double – edged sword. *Journal of Management*, 43, 1076 – 1102. doi: 10. 1177/0149206314546193.

[392] Liao, Z. , Yam, K. C. , Johnson, R. E. , Liu, W. , Song, Z. (2018). Cleansing my abuse: A reparative response model of perpetratingabusive supervisor behavior. *Journal of Applied Psychology*, 103, 1039 – 1056. doi: 10. 1037/apl0000319.

[393] Liguori, E. W. , McLarty, B. D. , Muldoon, J. (2013). The moderating effect of perceived job characteristics on the proactive personality – organizational citizenship behavior relationship. *Leadership & Organization Development Journal*, 34, 724 – 740. doi: 10. 1108/LODJ – 01 – 2012 – 0014.

[394] Lin, C. C. (2016). The roles of social support and coping style in the relationship between gratitude and well – being. *Personality and Individual Differences*, 89, 13 – 18. doi: 10. 1016/j. paid. 2015. 09. 032.

[395] Lin, K. J. , W. , Wu. , Xia, Y. , Yu, K. , Bamberger, P. (2020). *An Examination of Newcomer Helping Behavior in Reaction to Veteran Helping Norms*. Academy of Management Proceedings. doi: 10. 5465/AMBPP. 2020. 13623symposium.

[396] Lin, N. (1999). Building a network theory of social capital. *Connections*, 22, 28 – 51.

[397] Lin, N. (2002). *Social capital: A theory of social structure and action* (Vol. 19). Cambridge University Press.

[398] Lin, N. , Ensel, W. M. , Vaughn, J. C. (1981). Social resources and strength of ties: Structural factors in occupational status attainment. *American Sociological Review*, 46, 393 – 405. doi: 10. 2307/2095260.

[399] Lin, S. Y. , Chen, H. C. , Chen, I. H. (2016). When perceived wel-

fare practices leads to organizational citizenship behavior. *Asia Pacific Management Review*, 21, 204 – 212. doi: 10. 1016/j. apmrv. 2016. 04. 001.

[400] Lin, S. – H. (Joanna), Ma, J. , Johnson, R. E. (2016). When ethical leader behavior breaks bad: How ethical leader behavior can turn abusive via ego depletion and moral licensing. *Journal of Applied Psychology*, 101, 815 – 830. doi: 10. 1037/apl0000098.

[401] Lin, W. , Wang, L. , Chen, S. (2013). Abusive supervision and employee well – being: The moderating effect of power distance orientation. *Applied Psychology: An International Review*, 62, 308 – 329. doi: 10. 1111/j. 1464 – 0597. 2012. 00520. x.

[402] Lind, E. A. , Tyler, T. R. (1988). *The Social Psychology of Procedural Justice.* Springer US. doi: 10. 1007/978 – 1 – 4899 – 2115 – 4.

[403] Lipkus, I. M. , Dalbert, C. , Siegler, I. C. (1996). The importance of distinguishing the belief in a just world for self versus for others: Implications for psychological well – being. *Personality and Social Psychology Bulletin*, 22, 666 – 677. doi: 10. 1177/0146167296227002.

[404] Liu, C. J. , Hao, F. (2017). Reciprocity belief and gratitude as moderators of the association between social status and charitable giving. *Personality and Individual Differences*, 111, 46 – 50. doi: 10. 1016/j. paid. 2017. 02. 003.

[405] Liu, J. , Kwan, H. K. , Wu, L. , Wu, W. (2010). Abusive supervision and subordinate supervisor – directed deviance: The moderating role of traditional values and the mediating role of revenge cognitions. *Journal of Occupational and Organizational Psychology*, 83, 835 – 856. doi: 10. 1348/096317909X485216.

[406] Liu, S. , Luksyte, A. , Zhou, L. , Shi, J. , Wang, M. (2015). Overqualification and counterproductive work behaviors: Examining a moderated mediation model. *Journal of Organizational Behavior*, 36, 250 – 271. doi: 10. 1002/job. 1979.

[407] Liu, S. , Wang, M. , Bamberger, P. A. , Shi, J. , Bacharach, S. B. (2015). The dark side of socialization: A longitudinal investigation of newcomer alcohol use. *Academy of Management Journal*, 58, 334 –

355. doi: 10. 5465/amj. 2013. 0239.

[408] Liu, W. , Gong, Y. , Liu, J. (2014). When do business units benefit more from collective citizenship behavior of management teams? An upper echelons perspective. *Journal of Applied Psychology*, 99, 523 – 534. doi: 10. 1037/a0035538.

[409] Loewenstein, G. F. , Thompson, L. , Bazerman, M. H. (1989). Social utility and decision making in interpersonal contexts. *Journal of Personality and Social Psychology*, 57, 426 – 441. doi: 10. 1037/0022 – 3514. 57. 3. 426.

[410] Lopes, P. N. , Salovey, P. , Côté, S. , Beers, M. , Petty, R. E. (2005). Emotion regulation abilities and the qualityof social interaction. *Emotion*, 5, 113 – 118. doi: 10. 1037/1528 – 3542. 5. 1. 113.

[411] Louis, M. R. (1980). Surprise and sense making: What newcomers experience in entering unfamiliar organizational settings. *Administrative Science Quarterly*, 25, 226 – 251. doi: 10. 2307/2392453.

[412] Louw, K. R. , Dunlop, P. D. , Yeo, G. B. , Griffin, M. A. (2016). Mastery approach and performance approach: The differential prediction of organizational citizenship behavior and workplace deviance, beyond HEXACO personality. *Motivation and Emotion*, 40, 566 – 576. doi: 10. 1007/s11031 – 016 – 9551 – 0.

[413] Lowery, M. R. , Clark, M. A. , Carter, N. T. (2020). The balancing act of performance: Psychometric networks and the causal interplay of organizational citizenship and counterproductive work behaviors. *Journal of Vocational Behavior*, 125, 103527. doi: 10. 1016/j. jvb. 2020. 103527.

[414] Lucas, T. , Zhdanova, L. , Wendorf, C. A. , Alexander, S. (2013). Procedural and distributive justice beliefs for self and others: Multilevel associations with life satisfaction and self – rated health. *Journal of Happiness Studies*, 14, 1325 – 1341. doi: 10. 1007/s10902 – 012 – 9387 – 6.

[415] Luthans, F. , Avolio, B. J. , Avey, J. B. , Norman, S. M. (2007). Positive psychological capital: Measurement and relationship with performance and satisfaction. *Personnel Psychology*, 60, 541 – 572. doi: 10. 1111/j. 1744 – 6570. 2007. 00083. x.

[416] Lyubomirsky, S., Dickerhoof, R., Boehm, J. K., Sheldon, K. M. (2011). Becoming happier takes both a will and a proper way: An experimental longitudinal intervention to boost well - being. *Emotion*, 11, 391 - 402. doi: 10. 1037/a0022575.

[417] Lyubomirsky, S., Sheldon, K. M., Schkade, D. (2005). Pursuing happiness: The architecture of sustainable change. *Review of General Psychology*, 9, 111 - 131. doi: 10. 1037/1089 - 2680. 9. 2. 111.

[418] MacKenzie, S. B., Podsakoff, P. M., Fetter, R. (1991). Organizational citizenship behavior and objective productivity as determinants of managerial evaluations of salespersons' performance. *Organizational Behavior and Human Decision Processes*, 50, 123 - 150. doi: 10. 1016/0749 - 5978 (91) 90037 - T.

[419] MacKenzie, S. B., Podsakoff, P. M., Fetter, R. (1993). The impact of organizational citizenship behavior on evaluations of salesperson performance. *Journal of Marketing*, 57, 70 - 80. doi: 10. 2307/1252058.

[420] Mackey, J. D., Bishoff, J. D., Daniels, S. R., Hochwarter, W. A., Ferris, G. R. (2019). Incivility's relationship with workplace outcomes: Enactment as a boundary condition in two samples. *Journal of Business Ethics*, 155, 513 - 528. doi: 10. 1007/s10551 - 017 - 3492 - 8.

[421] Maclean, M., Chown, S. (1988). Just world beliefs and attitudes toward helping elderly people: A comparison of british and canadian university - students. *International Journal of Aging Human Development*, 26, 249 - 260. doi: 10. 2190/n8gp - 65xt - 2xqq - 9jwk.

[422] Mael, F., Ashforth, B. E. (1992). Alumni and their alma mater: A partial test of the reformulated model of organizational identification. *Journal of Organizational Behavior*, 13, 103 - 123. doi: 10. 1002/job. 4030130 202.

[423] Maes, J., Kals, E. (2002). Justice beliefs in school: Distinguishing ultimate and immanent justice. *Social Justice Research*, 15, 227 - 244. doi: 10. 1023/A: 1021010512478.

[424] Maes, J., Schmitt, M. (1999). More on ultimate and immanent justice: Results from the research project "Justice as a problem within reunified

Germany." *Social Justice Research*, 12, 65 – 78. doi: 10. 1023/ A: 1022039624976.

[425] Magee, J. C. , Galinsky, A. D. (2008). Social hierarchy: Theself – reinforcing nature of power and status. *The Academy of Management Annals*, 2, 351 – 398. doi: 10. 5465/19416520802211628.

[426] Marcus, B. , Schuler, H. (2004). Antecedents of counterproductive behavior at work: A general perspective. *Journal of Applied Psychology*, 89, 647 – 660. doi: 10. 1037/0021 – 9010. 89. 4. 647.

[427] Marinova, S. V. , Cao, X. , Park, H. (2019). Constructive organizational values climate and organizational citizenship behaviors: A configurational view. *Journal of Management*, 45, 2045 – 2071. doi: 10. 1177/ 0149 206318755301.

[428] Markus, H. R. , Kitayama, S. (1991). Culture and the self: Implications for cognition, emotion, and motivation. *Psychological Review*, 98, 224 – 253. doi: 10. 1037/0033 – 295X. 98. 2. 224.

[429] Martinescu, E. , Jansen, W. , Beersma, B. (2021). Negative gossip decreases targets' organizational citizenship behavior by decreasing social inclusion: A multi – method approach. *Group & Organization Management*, 46, 463 – 497. doi: 10. 1177/1059601120986876.

[430] Martinko, M. J. , Gundlach, M. J. , Douglas, S. C. (2002). Toward an integrative theory of counterproductive workplace behavior: A causal reasoning perspective. *International Journal of Selection and Assessment*, 10, 36 – 50. doi: 10. 1111/1468 – 2389. 00192.

[431] Martinko, M. J. , Harvey, P. , Brees, J. R. , Mackey, J. D. (2013). Areview of abusive supervision research. *Journal of Organizational Behavior*, 34, S120 – S137. doi: 10. 1002/job. 1888.

[432] Matsumoto, D. , Yoo, S. H. , Nakagawa, S. (2008). Culture, emotion regulation, and adjustment. *Journal of Personality and Social Psychology*, 94, 925 – 937. doi: 10. 1037/0022 – 3514. 94. 6. 925.

[433] Matta, F. K. , Scott, B. A. , Koopman, J. , Conlon, D. E. (2015). Does seeing "eye to eye" affect work engagement and organisational leadership behaviour? A role theory perspective on LMX agreement. *Academy of*

Management Journal, 58, 1686 – 1708. doi: 10.5465/amj. 2014.0106.

[434] Mawritz, M. B., Dust, S. B., Resick, C. J. (2014). Hostile climate, abusive supervision, and employee coping: Does conscientiousness matter? *Journal of Applied Psychology*, 99, 737 – 747. doi: 10.1037/a00 35863.

[435] Mayer, D. M., Kuenzi, M., Greenbaum, R. L. (2010). Examining the link between ethical leadership and employee misconduct: The mediating role of ethical climate. *Journal of Business Ethics*, 95, 7 – 16. doi: 10.1007/s10551 – 011 – 0794 – 0.

[436] Mayer, D. M., Aquino, K. F., Greenbaum, R. L., Kuenzi, M. (2012). Who displays ethical leadership, and why does it matter? An examination of antecedents and consequences of ethical leadership. *Academy of Management Journal*, 55, 151 – 171. doi: 10.5465/amj. 2008.0276.

[437] Mayer, D. M., Kuenzi, M., Greenbaum, R. L., Bardes, M., Salvador, R. (Bombie). (2009). How low does ethical leadership flow? Test of a trickle – down model. *Organizational Behavior and Human Decision Processes*, 108, 1 – 13. doi: 10.1016/j. obhdp. 2008.04.002.

[438] Mayer, J. D., Salovey, P. (1997). What is emotional intelligence? In P. Salovey D. Sluyter (Eds.), *Emotional development and emotional intelligence: Educational implications* (pp. 3 – 34). Basic Books.

[439] Maynard, D. C., Joseph, T. A., Maynard, A. M. (2006). Underemployment, job attitudes, and turnover intentions. *Journal of Organizational Behavior*, 27, 509 – 536. doi: 10.1002/job. 389.

[440] McCullough, M. E., Emmons, R. A., Tsang, J. A. (2002). The grateful disposition: A conceptual and empirical topography. *Journal of Personality and Social Psychology*, 82, 112 – 127. doi: 10.1037//0022 – 3514.82.1.112.

[441] McCullough, M. E., Kilpatrick, S. D., Emmons, R. A., Larson, D. B. (2001). Is gratitude a moral affect? *Psychological Bulletin*, 127, 249 – 266. doi: 10.1037/0033 – 2909.127.2.249.

[442] McCullough, M. E., Kimeldorf, M. B., Cohen, A. D. (2008). An adaptation for altruism? The social causes, social effects, and social evolu-

tion of gratitude. *Current Directions in Psychological Science*, 17, 281 – 285. doi: 10. 1111/j. 1467 – 8721. 2008. 00590. x.

[443] McCullough, M. E. , Tsang, J. A. , Emmons, R. A. (2004). Gratitude in intermediate affective terrain: Links of grateful moods to individual differences and daily emotional experience. *Journal of Personality and Social Psychology*, 86, 295 – 309. doi: 10. 1037/0022 – 3514. 86. 2. 295.

[444] Mead, G. H. (1934). *Mind, Self, and Society from the Standpoint of a Social Behaviorist.* Chicago: University of Chicago Press.

[445] Meglino, B. M. , Ravlin, E. C. , Adkins, C. L. (1989). A work values approach to corporate culture: A field test of the value congruence process and its relationship to individual outcomes. *Journal of Applied Psychology*, 74, 424 – 432. doi: 10. 1037/0021 – 9010. 74. 3. 424.

[446] Merritt, A. C. , Effron, D. A. , Monin, B. (2010). Moral self – licensing: When being good frees us to be bad. *Social and Personality Psychology Compass*, 4, 344 – 357. doi: 10. 1111/j. 1751 – 9004. 2010. 00 263. x.

[447] Messer, B. A. E. , White, F. A. (2006). Employees' mood, perceptions of fairness, and organizational citizenship behavior. *Journal of Business and Psychology*, 21, 65 – 82. doi: 10. 1007/s10869 – 005 – 9018 – x.

[448] Methot, J. R. , Lepak, D. , Shipp, A. J. , Boswell, W. R. (2017). Good citizen interrupted: Calibrating a temporal theory of citizenship behavior. *Academy of Management Review*, 42, 10 – 31. doi: 10. 5465/ amr. 2014. 0415.

[449] Metin, U. B. , Taris, T. W. , Peeters, M. C. W. (2016). Measuring procrastination at work and its associated workplace aspects. *Personality and Individual Differences*, 101, 254 – 263. doi: 10. 1016/j. paid. 2016. 06. 006.

[450] Meyer, J. P. , Stanley, D. J. D. , Herscovitch, L. , Topolnytsky, L. (2002). Affective, continuance, and normative commitment to the organization: A meta – analysis of antecedents, correlates, and consequences. *Journal of Vocational Behavior*, 61, 20 – 52. doi: 10. 1006/ jvbe. 2001. 1842.

[451] Michel, J. S. , Kotrba, L. M. , Mitchelson, J. K. , Clark, M. A. , Baltes, B. B. (2011). Antecedents of work – family conflict: A meta – analytic review. *Journal of Organizational Behavior*, 32, 689 – 725. doi: 10. 1002/job. 695.

[452] Miller, D. (1977). Altruism and threat to a belief in a just world. *Journal of Experimental Social Psychology*, 13, 113 – 124. doi: 10. 1016/s0022 – 1031 (77) 80004 – 8.

[453] Miner, A. G. , Glomb, T. M. (2010). State mood, task performance, and behavior at work: A within – persons approach. *Organizational Behavior and Human Decision Processes*, 112, 43 – 57. doi: 10. 1016/j. obhdp. 2009. 11. 009.

[454] Mitchell, M. S. , Ambrose, M. L. (2007). Abusive supervision and workplace deviance and the moderating effects of negative reciprocity beliefs. *Journal of Applied Psychology*, 92, 1159 – 1168. doi: 10. 1037/0021 – 9010. 92. 4. 1159.

[455] Monin, B. , Miller, D. T. (2001). Moral credentials and the expression of prejudice. *Journal of Personality and Social Psychology*, 81, 33 – 43. doi: 10. 1037/0022 – 3514. 81. 1. 33.

[456] Moon, H. , Hollenbeck, J. R. , Marinova, S. , Humphrey, S. E. (2008). Beneath the surface: Uncovering the relationship between extraversion and organizational citizenship behavior through a facet approach. *International Journal of Selection and Assessment*, 16, 143 – 154. doi: 10. 1111/j. 1468 – 2389. 2008. 00419. x.

[457] Moore, C. , Mayer, D. M. , Chiang, F. F. T. , Crossley, C. , Karlesky, M. J. , Birtch, T. A. (2019). Leaders matter morally: The role of ethical leadership in shaping employee moral cognition and misconduct. *Journal of Applied Psychology*, 104, 123 – 145. doi: 10. 1037/apl0000341.

[458] Moorman, R. H. (1993). The influence of cognitive and affective based job satisfaction measures on the relationship between satisfaction and organizational citizenship behavior. *Human Relations*, 46, 759 – 776. doi: 10. 1177/001872679304600604.

［459］ Moorman, R. H., Blakely, G. L. (1995). Individualism – collectivism as an individual difference predictor of organizational citizenship behavior. *Journal of Organizational Behavior*, 16, 127 – 142. doi: 10.1002/job.4030160204.

［460］ Morris, A. S., Silk, J. S., Steinberg, L., Myers, S. S., Robinson, L. R. (2007). The role of the family context in the development of emotion regulation. *Social Development*, 16, 361 – 388. doi: 10.1111/j.1467 – 9507.2007.00389.x.

［461］ Morrison, E. W. (1993). Longitudinal study of the effects of information seeking on newcomer socialization. *Journal of Applied Psychology*, 78, 173 – 183. doi: 10.1037/0021 – 9010.78.2.173.

［462］ Morrison, E. W. (1994). Role definitions and organizational citizenship behavior: The importance of the employee's perspective. *Academy of Management Journal*, 37, 1543 – 1567. doi: 10.2307/256798.

［463］ Mowday, R., Steers, R., Porter, L. (1979). The measurement oforganizational commitment. *Journal of Vocational Behavior*, 14, 224 – 247. doi: 10.1016/0001 – 8791 (79) 90072 – 1.

［464］ Mowday, R. T., Porter, L. W., Steers, R. M. (1982). *Employee – organization linkages: The psychology of commitment, absenteeism, and turnover*. New York: Academic Press.

［465］ Muenscher, S., Donat, M., Kiral Ucar, G. (2020). Students' personal belief in a just world, well – being, and academic cheating: A cross – national study. *Social Justice Research*, 33, 428 – 453. doi: 10.1007/s11211 – 020 – 00356 – 7.

［466］ Mumford, M. D., Zaccaro, S. J., Harding, F. D., Jacobs, T. O., Fleishman, E. A. (2000). Leadership skills for a changing world: Solving complex social problems. *Leadership Quarterly*, 11, 11 – 35. doi: 10.1016/S1048 – 9843 (99) 00041 – 7.

［467］ Munyon, T. P., Hochwarter, W. A., Perrewé, P. L., Ferris, G. R. (2010). Optimism and the nonlinear citizenship behavior – job satisfaction relationship in three studies. *Journal of Management*, 36, 1505 – 1528. doi: 10.1177/0149206309350085.

[468] Murray, J. D. , Spadafore, J. A. , Mcintosh, W. D. (2005). Belief in a just world and social perception: Evidence for automatic activation. *The Journal of Social Psychology*, 145, 35 – 47. doi: 10. 3200/SOCP. 145. 1. 35 – 48.

[469] Nahapiet, J. , Ghoshal, S. (1998). Social capital, intellectual capital, and the organizational advantage. *Academy of Management Review*, 23, 242 – 266. doi: 10. 5465/AMR. 1998. 533225.

[470] Naumann, S. E. , Minsky, B. D. , Sturman, M. C. (2002). The use of the concept "entitlement" in management literature: A historical review, synthesis, and discussion of compensation policy implications. *Human Resource Management Review*, 12, 145 – 166. doi: 10. 1016/S1053 – 4822 (01) 00055 – 9.

[471] Neves, P. (2014). Taking it out on survivors: Submissive employees, downsizing, and abusive supervision. *Journal of Occupational and Organizational Psychology*, 87, 507 – 534. doi: 10. 1111/joop. 12061.

[472] Newman, A. , Schwarz, G. , Cooper, B. , Sendjaya, S. (2017). How servant leadership influences organizational citizenship behavior: The roles of LMX, empowerment, and proactive personality. *Journal of Business Ethics*, 145, 49 – 62. doi: 10. 1007/s10551 – 015 – 2827 – 6.

[473] Nguyen, B. , Chang, K. , Rowley, C. , Japutra, A. (2016). Organizational citizenship behavior, identification, psychological contract and leadership frames. *Asia – Pacific Journal of Business Administration*, 8, 260 – 280. doi: 10. 1108/APJBA – 01 – 2016 – 0010.

[474] Niehoff, B. P. , Moorman, R. H. (1993). Justice as a mediator of the relationship between methods of monitoring and organizational citizenship behavior. *Academy of Management Journal*, 36, 527 – 556. doi: 10. 2307/256591.

[475] Nielsen, T. M. , Bachrach, D. G. , Sundstrom, E. , Halfhill, T. R. (2012). Utility ofOCB: Organizational citizenship behavior and group performance in a resource allocation framework. *Journal of Management*, 38, 668 – 694. doi: 10. 1177/0149206309356326.

[476] Ochsner, K. N. , Gross, J. J. (2005). The cognitive control of emo-

tion. *Trends in Cognitive Sciences*, 9, 242 – 249. doi: 10. 1016/
j. tics. 2005. 03. 010.

[477] Oh, I. – S. , Charlier, S. D. , Mount, M. K. , Berry, C. M. (2014).
The two faces of high self – monitors: Chameleonic moderating effects of
self – monitoring on the relationships between personality traits and counter-
productive work behaviors. *Journal of Organizational Behavior*, 35, 92 –
111. doi: 10. 1002/job. 1856.

[478] Oliner, S. (2002). Extraordinary acts of ordinary people: Faces of hero-
ism and altruism. InS. Post, L. Underwood, J. Schloss, W. Hurlbut (Eds.),
Altruism and altruistic love: Science, philosophy and religion in dialogue
(pp. 123 – 139). New York: Oxford University Press. .

[479] Organ, D. W. (1988). *Organizational citizenship behavior: The good sol-
dier syndrome* (pp. xiii, 132). Lexington Books/D. C. Heath and Com.

[480] Organ, D. W. , Lingl, A. (1995). Personality, satisfaction, and organ-
izational citizenship behavior. *Journal of Social Psychology*, 135, 339 –
350. doi: 10. 1080/00224545. 1995. 9713963.

[481] Organ, D. W. , Podsakoff, P. M. , MacKenzie, S. B. (2006). *Organi-
zational citizenship behavior: Its nature, antecedents, and conse-
quences.* Thousand Oaks: Sage.

[482] Organ, D. W. , Ryan, K. (1995). A meta – analytic review of attitudinal
and dispositional predictors of organizational citizenship behavior. *Personnel
Psychology*, 48, 775 – 802. doi: 10. 1111/j. 1744 – 6570. 1995.
tb01781. x.

[483] Otto, K. , Boos, A. , Dalbert, C. , Schöps, D. , Hoyer, J. (2006).
Posttraumatic symptoms, depression, and anxiety of flood victims: The
impact of the belief in a just world. *Personality and Individual Differences*,
40, 1075 – 1084. doi: 10. 1016/j. paid. 2005. 11. 010.

[484] Ouimet, G. (2010). Dynamics of narcissistic leadership in organizations
towards an integrated research model. *Journal of Managerial Psychology*,
25, 713 – 726. doi: 10. 1108/02683941011075265.

[485] Ozer, M. (2011). A moderated mediation model of the relationshipbe-
tween organizational citizenship behaviors and job performance. *Journal of*

Applied Psychology, 96, 1328 – 1336. doi: 10. 1037/a0023644.

[486] Padilla, A. , Hogan, R. , Kaiser, R. B. (2007). The toxic triangle: Destructive leaders, susceptible followers, and conducive environments. *The Leadership Quarterly*, 18, 176 – 194. doi: 10. 1016/ j. leaqua. 2007. 03. 001.

[487] Park, J. , Sohn, Y. W. , Ha, Y. J. (2016). South Korean salespersons' calling, job performance, and organizational citizenship behavior: The mediating role of occupational self – efficacy. . *Journal of Career Assessment*, 24, 415 –428. doi: 10. 1177/1069072715599354.

[488] Park, R. (2016). Autonomy and citizenship behavior: A moderated mediation model. *Journal of Managerial Psychology*, 31, 280 – 295. doi: 10. 1108/JMP – 01 – 2014 – 0028.

[489] Parke, M. R. , Tangirala, S. , Hussain, I. (2021). Creating organizational citizens: How and when supervisor – versus peer – led role interventions change organizational citizenship behavior. *Journal of Applied Psychology*, 106, 1714 – 1733. doi: 10. 1037/apl0000848.

[490] Parker, S. K. , Bindl, U. K. , Strauss, K. (2010). Making things happen: A model of proactive motivation. *Journal of Management*, 36, 827 – 856. doi: 10. 1177/0149206310363732.

[491] Pearce, C. L. , Herbik, P. A. (2004). Citizenship behavior at the team level of analysis: The effects of team leadership, team commitment, perceived team support, and team size. *Journal of Social Psychology*, 144, 293 – 310. doi: 10. 3200/SOCP. 144. 3. 293 – 310.

[492] Peng, J. , Chiu, S. – F. (2010). An integrative model linking feedback environment and organizational citizenship behavior. *Journal of Social Psychology*, 150, 582 – 607. doi: 10. 1080/00224540903365455.

[493] Penner, L. A. , Midili, A. R. , Kegelmeyer, J. (1997). Beyond job attitudes: A personality and social psychology perspective on the causes of organizational citizenship behavior. *Human Performance*, 10, 111 – 131. doi: 10. 1207/s15327043hup1002_4.

[494] Perry – Smith, J. E. , Blum, T. C. (2000). Work – family human resource bundles and perceived organizational performance. *Academy of Man-*

agement Journal, 43, 1107 – 1117. doi：10. 2307/1556339.

［495］ Peterson, B. E. , Stewart, A. J. (1996). Antecedents and contexts of generativity motivation at midlife. *Psychology & Aging*, 11, 21 – 33. doi：10. 1037/0882 – 7974. 11. 1. 21.

［496］ Pfeffer, J. , Langton, N. (1993). The effect of wage dispersion on satisfaction, productivity, and working collaboratively：Evidence from college and university faculty. *Administrative Science Quarterly*, 38, 382 – 407. doi：10. 2307/2393373.

［497］ Piccinini, G. , Schulz, A. (2018). The Evolution of Psychological Altruism. *Philosophy of Science*, 85, 1054 – 1064. doi：10. 1086/699743.

［498］ Piff, P. K. (2014). Wealth and the inflated self：Class, entitlement, and narcissism. *Personality and Social Psychology Bulletin*, 40, 34 – 43. doi：10. 1177/0146167213501699.

［499］ Piliavin, J. A. , Charng, H. – W. (1990). Altruism：A review of recent theory and research. *Annual Review of Sociology*, 16, 27 – 65. doi：10. 1146/annurev. so. 16. 080190. 000331.

［500］ Pillutla, M. M. , Murnighan, J. K. (1996). Unfairness, anger, and spite：Emotional rejections of ultimatum offers. *Organizational Behavior and Human Decision Processes*, 68, 208 – 224. doi：10. 1006/obhd. 1996. 0100.

［501］ Pletzer, J. L. (2021). Why older employees engage in less counterproductive work behavior and in more organizational citizenship behavior：Examining the role of the HEXACO personality traits. *Personality and Individual Differences*, 173, 110550. doi：10. 1016/j. paid. 2020. 110550.

［502］ Podsakoff, P. M. , Ahearne, M. , MacKenzie, S. B. (1997). Organizational citizenship behavior and the quantity and quality ofwork group performance. *Journal of Applied Psychology*, 82, 262 – 270. doi：10. 1037/ 0021 – 9010. 82. 2. 262.

［503］ Podsakoff, P. M. , MacKenzie, S. B. , Moorman, R. H. , Fetter, R. (1990). Transformational leader behaviors and their effects on followers' trust in leader, satisfaction, and organizational citizenship behaviors. *Leadership Quarterly*, 1, 107 – 142. doi：10. 1016/1048 – 9843

(90) 90009 – 7.

[504] Podsakoff, P. M. , MacKenzie, S. B. , Paine, J. B. , Bachrach, D. G. (2000). Organizational citizenship behaviors: A critical review of the theoretical and empirical literature and suggestions for future research. *Journal of Management*, 26, 513 – 563. doi: 10. 1177/014920630002600307.

[505] Post, S. (2002). The tradition of agape. In S. Post, L. Underwood, J. Schloss, W. Hurlbut (Eds.), *Altruism and altruistic love: Science, philosophy and religion in dialogue* (pp. 51 – 64). New York: Oxford University Press.

[506] Potipiroon, W. , Faerman, S. (2020). Tired from working hard? Examining the effect of organizational citizenship behavior on emotional exhaustion and the buffering roles of public service motivation and perceived supervisor support. *Public Performance Management Review*, 43, 1260 – 1291. doi: 10. 1080/15309576. 2020. 1742168.

[507] Preston, S. D. , de Waal, F. B. M. (2002). Empathy: Its ultimate and proximate bases. *Behavioral and Brain Sciences*, 25, 1 – 20. doi: 10. 1017/S0140525X02000018.

[508] Qiu, Y. , Lou, M. , Zhang, L. , Wang, Y. (2020). Organizational citizenship behavior motives and thriving at work: The mediating role of citizenship fatigue. *Sustainability (Switzerland)*, 12. doi: 10. 3390/su12 062231.

[509] Rabl, T. , Maria, D. C. T. , Byun, S. Y. , Bosch, L. (2020). Diversity management efforts as an ethical responsibility: How employees' perceptions of an organizational integration and learning approach to diversity affect employee behavior. *Journal of Business Ethics*, 161, 531 – 550. doi: 10. 1007/s10551 – 018 – 3849 – 7.

[510] Rafferty, A. E. , Restubog, S. L. D. (2011). The influence of abusive supervisors on followers' organizational citizenship behaviours: The hidden costs of abusive supervision. *British Journal of Management*, 22, 270 – 285. doi: 10. 1111/j. 1467 – 8551. 2010. 00732. x.

[511] Randall, M. L. M. , Cropanzano, R. , Bormann, C. A. , Birjulin, A. (1999). Organizational politics and organizational support as predictors of

work attitudes, job performance, and organizational citizenship behavior. *Journal of Organizational Behavior*, 20, 159 – 174. doi: 10. 1002/ (SICI) 1099 – 1379 (199903) 20: 2 < 159:: AID – JOB881 > 3. 0. CO; 2 – 7.

[512] Rayner, J., Lawton, A., Williams, H. M. (2012). Organizational citizenship behavior and the public service ethos. *Journal of Business Ethics*, 106, 117 – 130. doi: 10. 1007/sl0551 – 011 – 0991 – x.

[513] Reed, A., I., Aquino, K. F. (2003). Moral identity and the expanding circle of moral regard toward out – groups. *Journal of Personality and Social Psychology*, 84, 1270 – 1286. doi: 10. 1037/0022 – 3514. 84. 6. 1270.

[514] Resick, C. J., Martin, G. S., Keating, M. A., Dickson, M. W., Kwan, H. K., Peng, C. (2011). What ethical leadership means to me: Asian, American, and European perspectives. *Journal of Business Ethics*, 101, 435 – 457. doi: 10. 1007/s10551 – 010 – 0730 – 8.

[515] Rest, J. R., Narvaez, D., Bebeau, M. J., Thoma, S. J. (1999). *Postconventional moral thinking: A neo – Kohlbergian approach.* Mawah, NJ: L. Earlbaum.

[516] Rey, L., Extremera, N. (2014). Positive psychological characteristics and interpersonal forgiveness: Identifying the unique contribution of emotional intelligence abilities, Big Five traits, gratitude and optimism. *Personality and Individual Differences*, 68, 199 – 204. doi: 10. 1016/j. paid. 2014. 04. 030.

[517] Rich, B. L., LePine, J. A., Crawford, E. R. (2010). Job engagement: Antecedents and effects on job performance. *Academy of Management Journal*, 53, 617 – 635. doi: 10. 5465/AMJ. 2010. 51468988.

[518] Rioux, S. M., Penner, L. A. (2001). The causes of organizational citizenship behavior: A motivational analysis. *Journal of Applied Psychology*, 86, 1306 – 1314. doi: 10. 1037/0021 – 9010. 86. 6. 1306.

[519] Roberge, M. – É., Xu, Q. J., Rousseau, D. M. (2012). Collective personality effects on group citizenship behavior. *Small Group Research*, 43, 410 – 442. doi: 10. 1177/1046496412440824.

[520] Robinson, S. L., Bennett, R. J. (1995). A typology of deviant work-

place behaviors: A multidimensional scaling study. *Academy of Management Journal*, 38, 555 – 572. doi: 10. 2307/256693.

[521] Robinson, S. L. , O'Leary – Kelly, A. M. (1998). Monkey see, monkey do: The influence of work groups on the antisocial behavior of employees. *Academy of Management Journal*, 41, 658 – 672. doi: 10. 2307/256963.

[522] Rodell, J. B. (2013). Finding meaning through volunteering: Why do employees volunteer and what does it mean for their jobs? *Academy of Management Journal*, 56, 1274 – 1294. doi: 10. 5465/amj. 2012. 0611.

[523] Rodell, J. B. , Judge, T. A. (2009). Can "good" stressors spark "bad" behaviors? The mediating role of emotions in links of challenge and hindrance stressors with citizenship and counterproductive behaviors. *Journal of Applied Psychology*, 94, 1438 – 1451. doi: 10. 1037/a0016752.

[524] Rosenthal, S. A. , Pittinsky, T. L. (2006). Narcissistic leadership. *Leadership Quarterly*, 17, 617 – 633. doi: 10. 1016/j. leaqua. 2006. 10. 005.

[525] Rossier, J. , Zecca, G. , Stauffer, S. D. , Maggiori, C. , Dauwalder, J. P. (2012). Career Adapt – Abilities Scale in a French – speaking Swiss sample: Psychometric properties and relationships to personality and work engagement. *Journal of Vocational Behavior*, 80, 734 – 743. doi: 10. 1016/j. jvb. 2012. 01. 004.

[526] Rothenberg, W. A. , Hussong, A. M. , Langley, H. A. , Egerton, G. A. , Halberstadt, A. G. , Coffman, J. L. , Mokrova, I. , Costanzo, P. R. (2017). Grateful parents raising grateful children: Niche selection and the socialization of child gratitude. *Applied Developmental Science*, 21, 106 – 120. doi: 10. 1080/10888691. 2016. 1175945.

[527] Rotundo, M. , Sackett, P. R. (2002). The relative importance of task, citizenship, and counterproductive performance to global ratingsof job performance: A policycapturing approach. *Journal of Applied Psychology*, 87, 66 – 80. doi: 10. 1037//0021 – 9010. 87. 1. 66.

[528] Rubenstein, A. L. , Allen, D. G. , Bosco, F. A. (2019). What's Past (and Present) Is Prologue: Interactions Between Justice Levels and Traj-

ectories Predicting Behavioral Reciprocity. *Journal of Management*, 45, 1569 – 1594. doi: 10. 1177/0149206317728107.

[529] Rudolph, C. W. , Lavigne, K. N. , Zacher, H. (2017). Career adaptability: A meta – analysis of relationships with measures of adaptivity, adapting responses, and adaptation results. *Journal of Vocational Behavior*, 98, 17 – 34. doi: 10. 1016/j. jvb. 2016. 09. 002.

[530] Rusbult, C. E. , Van Lange, P. A. M. (2003). Interdependence, interaction, and relationships. *Annual Review of Psychology*, 54, 351 – 375. doi: 10. 1146/annurev. psych. 54. 101601. 145059.

[531] Rusbult, C. E. , Kumashiro, M. , Coolsen, M. K. , Kirchner, J. L. (2004). Interdependence, closeness, and relationships. In J. Mashek & A. Aron (Eds.), *Handbook of closeness and intimacy.* (pp. 137 – 161). Erlbaum.

[532] Russo, M. , Guo, L. , Baruch, Y. (2014). Work attitudes, career success and health: Evidence from China. *Journal of Vocational Behavior*, 84, 248 – 258. doi: 10. 1016/j. jvb. 2014. 01. 009.

[533] Saks, A. M. , Ashforth, B. E. (1997). Organizational socialization: Making sense of the past and present as a prologue for the future. *Journal of Vocational Behavior*, 51, 234 – 279. doi: 10. 1006/jvbe. 1997. 1614.

[534] Samuelson, W. , Zeckhauser, R. (1988). Status quo bias in decision making. *Journal of Risk and Uncertainty*, 1, 7 – 59. doi: 10. 1007/BF00055564.

[535] Saroglou, V. (2002). Religion and the five factors of personality: A meta – analytic review. *Personality and Individual Differences*, 32, 15 – 25. doi: 10. 1016/S0191 – 8869 (00) 00233 – 6.

[536] Saroglou, V. , Delpierre, V. , Dernelle, R. (2004). Values and religiosity: A meta – analysis of studies using Schwartz's model. *Personality and Individual Differences*, 37, 721 – 734. doi: 10. 1016/j. paid. 2003. 10. 005.

[537] Savickas, M. L. (1997). Career adaptability: An integrative construct for Life – span, Life – space Theory. *Career Development Quarterly*, 45, 247 – 259. doi: 10. 1002/j. 2161 – 0045. 1997. tb00469. x.

[538] Savickas, M. L. (2002). Career construction: A developmental theory of vocational behavior. In D. Brown (Ed.), *Career choice and development* (pp. 149 – 205). Jossey – Bass.

[539] Savickas, M. L. (2005). The theory and practice of career construction. In S. D. Brown R. W. Lent (Eds.), *Career development and counseling: Putting theory and research to work* (Vol. 1, pp. 42 – 70). John Wiley Sons, Inc.

[540] Savickas, M. L. (2013). Career construction theory and practice. In R. W. Lent S. D. Brown (Eds.), *Career development and counseling: Putting theory and research to work* (pp. 147 – 183). Wiley.

[541] Savickas, M. L., Porfeli, E. J. (2012). Career Adapt – Abilities Scale: Construction, reliability, and measurement equivalence across 13 countries. *Journal of Vocational Behavior*, 80, 661 – 673. doi: 10.1016/j.jvb.2012.01.011.

[542] Schappe, S. P. (1998). The influence of job satisfaction, organizational commitment, and fairness perceptions on organizational citizenship behavior. *The Journal of Psychology*, 132, 277 – 290. doi: 10.1080/00223989809599167.

[543] Schaubroeck, J. M., Hannah, S. T., Avolio, B. J., Kozlowski, S. W. J. J., Lord, R. G., Treviño, L. K., Dimotakis, N., Peng, A. C. (2012). Embedding ethical leadership within and across organization levels. *Academy of Management Journal*, 55, 1053 – 1078. doi: 10.5465/amj.2011.0064.

[544] Schein, E. H. (2010). *Organizational culture and leadership*. John Wiley & Sons.

[545] Schindler, S., Wenzel, K., Dobiosch, S., Reinhard, M. – A. (2019). The role of belief in a just world for (dis) honest behavior. *Personality and Individual Differences*, 142, 72 – 78. doi: 10.1016/j.paid.2019.01.037.

[546] Schlenker, B. R. (1980). *Impression management: The self – concept, social identity, and interpersonal relations*. Brooks/Cole.

[547] Schnake, M., Dumler, M. P., Cochran, D. S. (1993). The relation-

ship between "traditional" leadership, "super" leadership, and organizational citizenship behavior. *Group & Organization Management*, 18, 352 – 365. doi: 10. 1177/1059601193183006.

[548] Schwartz, S. H. (1999). A theory of cultural values and some implications for work. *Applied Psychology*, 48, 23 – 47. doi: 10. 1111/j. 1464 – 0597. 1999. tb00047. x.

[549] Seibert, S. E. , Kraimer, M. L. , Liden, R. C. (2001). A social capital theory of career success. *Academy of Management Journal*, 44, 219 – 237. doi: 10. 2307/3069452.

[550] Seligman, M. E. P. , Steen, T. A. , Park, N. , Peterson, C. (2005). Positive psychology progress: Empirical validation of interventions. *American Psychologist*, 60, 410 – 421. doi: 10. 1037/0003 – 066X. 60. 5. 410.

[551] Settoon, R. P. , Bennett, N. , Liden, R. C. (1996). Social exchange in organizations: Perceived organizational support, leader – memberexchange, and employee reciprocity. *Journal of Applied Psychology*, 81, 219 – 227. doi: 10. 1037/0021 – 9010. 81. 3. 219.

[552] Settoon, R. P. , Mossholder, K. W. (2002). Relationship quality and relationship context as antecedents of person – and task – focused interpersonal citizenship behavior. *Journal of Applied Psychology*, 87, 255 – 267. doi: 10. 1037//0021 – 9010. 87. 2. 255.

[553] Shalley, C. E. , Gilson, L. L. , Blum, T. C. (2009). Interactive effects of growth needstrength, work context, and job complexity on self – reported creative performance. *Academy of Management Journal*, 52, 489 – 505. doi: 10. 5465/AMJ. 2009. 41330806.

[554] Sheppes, G. , Scheibe, S. , Suri, G. , Gross, J. J. (2011). Emotion – regulation choice. *Psychological Science*, 22, 1391 – 1396. doi: 10. 1177/0956797611418350.

[555] Sheppes, G. , Suri, G. , Gross, J. J. (2015). Emotion regulation and psychopathology. *Annual Review of Clinical Psychology*, 11, 379 – 405. doi: 10. 1146/annurev – clinpsy – 032814 – 112739.

[556] Shih, C. T. , Chuang, C. H. (2013). Individual differences, psychological contract breach, and organizational citizenship behavior: A moderated

mediation study. *Asia Pacific Journal of Management*, 30, 191 – 210. doi: 10. 1007/s10490 – 012 – 9294 – 8.

[557] Shin, Y. , Kim, M. M. S. , Choi, J. N. , Kim, M. M. S. , Oh, W. – K. K. (2017). Does leader – follower regulatory fit matter? The role of regulatory fit in followers' organizational citizenship behavior. *Journal of Management*, 43, 1211 – 1233. doi: 10. 1177/0149206314546867.

[558] Sidanius, J. , Pratto, F. (1999). *Social dominance: An intergroup theory of social hierarchy and oppression.* Cambridge University Press.

[559] Simo, P. , Sallan, J. M. , Fernandez, V. , Enache, M. (2016). Change – oriented organizational citizenship behavior: Analysis of antecedents centered on regulatory theory focus at the workplace. *International Journal of Organizational Analysis*, 24, 261 – 273. doi: 10. 1108/IJOA – 10 – 2014 – 0805.

[560] Singer, P. (2011). *The expanding circle: Ethics, evolution, and moral progress.* Princeton University Press.

[561] Singh, S. K. , Singh, A. P. (2019). Interplay of organizational justice, psychological empowerment, organizational citizenship behavior, and job satisfaction in the context of circular economy. *Management Decision*, 57, 937 – 952. doi: 10. 1108/MD – 09 – 2018 – 0966.

[562] Skarlicki, D. P. , Latham, G. P. (1996). Increasing citizenship behavior within a labor union: A test oforganizational justice theory. *Journal of Applied Psychology*, 81, 161 – 169. doi: 10. 1037/0021 – 9010. 81. 2. 161.

[563] Skarlicki, D. P. , Latham, G. P. (1997). Leadership training in organizational justice to increase citizenship behavior within a labor union: A replication. *Personnel Psychology*, 50, 617 – 633. doi: 10. 1111/j. 1744 – 6570. 1997. tb00707. x.

[564] Skogstad, A. , Aasland, M. S. , Nielsen, M. B. , Hetland, J. , Matthiesen, S. B. , Einarsen, S. (2014). The relative effects of constructive, laissez – faire, and tyrannicalleadership on subordinate job satisfaction: Results from two prospective and representative studies. *Zeitschrift für Psychologie*, 222, 221 – 232. doi: 10. 1027/2151 – 2604/a000189.

[565] Smith, C. A. , Organ, D. W. , Near, J. P. (1983). Organizational citi-

zenship behavior: Its nature and antecedents. *Journal of Applied Psychology*, 68, 653 – 663. doi: 10. 1037/0021 – 9010. 68. 4. 653.

[566] Smith, R. W. , Kim, Y. J. , Carter, N. T. (2020). Does it matter where you're helpful? Organizational citizenship behavior from work and home. *Journal of Occupational Health Psychology*, 25, 450 – 468. doi: 10. 1037/ocp0000181.

[567] Smoktunowicz, E. , Baka, L. , Cieslak, R. , Nichols, C. F. , Benight, C. C. , Luszczynska, A. (2015). Explaining counterproductive work behaviors among police officers: The indirect effects of job demands are mediated by job burnout and moderated by job control and social support. *Human Performance*, 28, 332 – 350. doi: 10. 1080/08959285. 2015. 1021045.

[568] Snape, E. , Redman, T. (2010). HRM practices, organizational citizenship behaviour, and performance: A multi – level analysis. *Journal of Management Studies*, 47, 1219 – 1247. doi: 10. 1111/j. 1467 – 6486. 2009. 00911. x.

[569] Snow, J. N. , Kern, R. M. , Curlette, W. L. (2001). Identifying personality traits associated with attrition in systematic training for effective parenting groups. *The Family Journal*, 9, 102 – 108. doi: 10. 1177/ 1066480701092003.

[570] Snyder, M. (1974). Self – monitoring of expressive behavior. *Journal of Personality and Social Psychology*, 30, 526 – 537. doi: 10. 1037/h00 37039.

[571] Solinger, O. N. , Olffen, W. V. , Roe, R. A. , Hofmans, J. (2013). On becoming (un) committed: A taxonomy and test of newcomer on – boarding scenarios. *Organization Science*, 24, 1640 – 1661. doi: 10. 1287/orsc. 1120. 0818.

[572] Song, G. R. , Kim, K. S. (2020). More similar, better belonging: Effect of organizational citizenship behavior profile similarity on ostracism. *The Journal of Applied Behavioral Science*, 57, 511 – 529. doi: 10. 1177/0021886320977322.

[573] Spanouli, A. , Hofmans, J. (2016). Walking the tightrope: Counterpro-

ductive work behavior as compensation for citizenship demands. *Frontiers in Psychology*, 7. doi: 10. 3389/fpsyg. 2016. 01530.

[574] Spector, P. E. , Fox, S. (2002). An emotion – centered model of voluntary work behavior: Some parallels between counterproductive work behavior and organizational citizenship behavior. *Human Resource Management Review*, 12, 269 – 292. doi: 10. 1016/S1053 – 4822 (02) 00049 – 9.

[575] Spector, P. E. , Fox, S. (2005). The stressor – emotion model of counterproductive work behavior. In S. Fox & P. E. Spector (Eds.), *Counterproductive workplace behavior: Investigations of actors and targets* (pp. 151 – 174). American Psychological Association Press.

[576] Spector, P. E. , Fox, S. (2010). Counterproductive work behavior and organisational citizenship behavior: Are they opposite forms of active behavior? *Applied Psychology: An International Review*, 59, 21 – 39. doi: 10. 1111/j. 1464 – 0597. 2009. 00414. x.

[577] Spector, P. E. , Fox, S. , Penney, L. M. , Bruursema, K. , Goh, A. , Kessler, S. (2006). The dimensionality of counterproductivity: Are all counterproductive behaviors created equal? *Journal of Vocational Behavior*, 68, 446 – 460. doi: 10. 1016/j. jvb. 2005. 10. 005.

[578] Spitzmuller, M. , Van Dyne, L. (2013). Proactive and reactive helping: Contrasting the positive consequences of different forms of helping. *Journal of Organizational Behavior*, 34, 560 – 580. doi: 10. 1002/job. 1848.

[579] Stamper, C. L. , Van Dyne, L. (2001). Work status and organizational citizenship behavior 钨: A field study of restaurant employees. *Journal of Organizational Behavior*, 22, 517 – 536. doi: 10. 1002/job. 100.

[580] Staub, E. (1979). *Positive social behavior, morality, and development*. Academic Press.

[581] Stockton, J. G. , Tucker, R. P. , Kleiman, E. M. , Wingate, L. R. R. (2016). How does gratitude affect the relationship between positive humor styles and suicide – related outcomes? *Personality and Individual Differences*, 102, 240 – 244. doi: 10. 1016/j. paid. 2016. 07. 016.

[582] Strobel, M. , Tumasjan, A. , Sporrle, M. , Welpe, I. M. (2013). The future starts today, not tomorrow: How future focus promotes organi-

zational citizenship behaviors. *Human Relations*, 66, 829 – 856. doi：10. 1177/0018726712470709.

[583] Sun, L – Y. , Aryee, S. , Law, K. S. (2007). High – performance human resource practices, citizenship behavior, and organizational perform-ance: A relational perspective. *Academy of Management Journal*, 50, 558 – 577. doi：10. 5465/amj. 2007. 25525821.

[584] Sutton, R. M. , Douglas, K. M. (2005). Justice for all, or just for me? More evidence of the importance of the self – other distinction in just – world beliefs. *Personality and Individual Differences*, 39, 637 – 645. doi：10. 1016/j. paid. 2005. 02. 010.

[585] Takeuchi, R. , Bolino, M. C. , Lin, C. (2015). Too many motives? The interactive effects of multiple motives on organizational citizenship be-havior. *Journal of Applied Psychology*, 100, 1239 – 1248. doi：10. 1037/apl0000001.

[586] Tepper, B. J. (2000). Consequences of abusive supervision. *Academy of Management Journal*, 43, 178 – 190. doi：10. 2307/1556375.

[587] Tepper, B. J. (2007). Abusive supervision in work organizations: Re-view, synthesis, and research agenda. *Journal of Management*, 33, 261 – 289. doi：10. 1177/0149206307300812.

[588] Tepper, B. J. , Carr, J. C. , Breaux, D. M. , Geider, S. , Hu, C. , Hua, W. (2009). Abusive supervision, intentions to quit, and employees' workplace deviance: A power/dependence analysis. *Organizational Behavior and Human Decision Processes*, 109, 156 – 167. doi：10. 1016/j. obhdp. 2009. 03. 004.

[589] Teresa Cardador, M. , Wrzesniewski, A. (2015). Better to give and to compete? Prosocial and competitive motives as interactive predictors of citi-zenship behavior. *Journal of Social Psychology*, 155, 255 – 273. doi：10. 1080/00224545. 2014. 999019.

[590] Tett, R. P. , Meyer, J. P. (1993). Job satisfaction, organizational com-mitment, turnover intention, and turnover: Path analyses based on meta – analytic findings. *Personnel Psychology*, 46, 259 – 293. doi：10. 1111/j. 1744 – 6570. 1993. tb00874. x.

[591] Thiel, C. E. , Harvey, J. , Courtright, S. , Bradley, B. (2019). What doesn't kill you makes you stronger: How teams rebound from early – stage relationship conflict. *Journal of Management*, 45, 1623 – 1659. doi: 10. 1177/0149206317729026.

[592] Thomas, L. T. , Ganster, D. C. (1995). Impact of family – supportive work variables on work – family conflict and strain: A control perspective. *Journal of Applied Psychology*, 80, 6 – 15. doi: 10. 1037/0021 – 9010. 80. 1. 6.

[593] Thompson, J. A. (2005). Proactive personality and job performance: A social capital perspective. *Journal of Applied Psychology*, 90, 1011 – 1017. doi: 10. 1037/0021 – 9010. 90. 5. 1011.

[594] Tian, Q. , Zhang, L. , Zou, W. (2014). Job insecurity and counter-productive behavior of casino dealers – the mediating role of affective commitment and moderating role of supervisor support. *International Journal of Hospitality Management*, 40, 29 – 36. doi: 10. 1016/j. ijhm. 2014. 03. 005.

[595] Tice, D. M. , Butler, J. L. , Muraven, M. B. , Stillwell, A. M. (1995). When modesty prevails: Differential favorability of self – presentation to friends and strangers. *Journal of Personality and Social Psychology*, 69, 1120 – 1138. doi: 10. 1037/0022 – 3514. 69. 6. 1120.

[596] Tokar, D. M. , Fischer, A. R. , Subich, L. M. (1998). Personality and vocational behavior: A selective review of the literature, 1993 – 1997. *Journal of Vocational Behavior*, 53, 115 – 153. doi: 10. 1006/jvbe. 1998. 1660.

[597] Toussaint, L. , Friedman, P. (2009). Forgiveness, gratitude, and well – being: The mediating role of affect and beliefs. *Journal of Happiness Studies*, 10, 635 – 654. doi: 10. 1007/s10902 – 008 – 9111 – 8.

[598] Tremblay, M. , Gibson, M. (2016). The role of humor in the relationship between transactional leadership behavior, perceived supervisor support, and citizenship behavior. *Journal of Leadership & Organizational Studies*, 23, 39 – 54. doi: 10. 1177/1548051815613018.

[599] Treviño, L. K. , Butterfield, K. D. , McCabe, D. L. (1998). The ethi-

cal context in organizations: Influences on employee attitudes and behaviors. *Business Ethics Quarterly*, 8, 447 – 476. doi: 10. 5840/10. 2307/ 3857431.

[600] Treviño, L. K. , Weaver, G. R. , Reynolds, S. J. (2006). Behavioral ethics in organizations: A review. *Journal of Management*, 32, 951 – 990. doi: 10. 1177/0149206306294258.

[601] Triandis, H. C. (2005). *Individualism & collectivism*. Routledge.

[602] Trivers, R. L. (1971). The evolution of reciprocal altruism. *The Quarterly Review of Biology*, 46, 35 – 57.

[603] Trougakos, J. P. , Beal, D. J. , Cheng, B. H. , Hideg, I. , Zweig, D. (2015). Too drained to help: A resource depletion perspective on daily interpersonalcitizenship behaviors. *Journal of Applied Psychology*, 100, 227 – 236. doi: 10. 1037/a0038082.

[604] Troy, A. S. , Wilhelm, F. H. , Shallcross, A. J. , Mauss, I. B. (2010). Seeing the silver lining: Cognitive reappraisal ability moderates the relationship between stress and depressive symptoms. *Emotion*, 10, 783 – 795. doi: 10. 1037/a0020262.

[605] Tsang, J. A. (2006a). Gratitude and prosocial behaviour: An experimental test of gratitude. *Cognition and Emotion*, 20, 138 – 148. doi: 10. 1080/02699930500172341.

[606] Tsang, J. A. (2006b). The effects of helper intention on gratitude and indebtedness. *Motivation and Emotion*, 30, 198 – 204. doi: 10. 1007/ s11031 – 006 – 9031 – z.

[607] Tsang, J. A. , Carpenter, T. P. , Roberts, J. A. , Frisch, M. B. , Carlisle, R. D. (2014). Why are materialists less happy? The role of gratitude and need satisfaction in the relationship between materialism and life satisfaction. *Personality and Individual Differences*, 64, 62 – 66. doi: 10. 1007/978 – 3 – 642 – 35374 – 1_58.

[608] Tufan, P. , Wendt, H. (2020). Organizational identification as a mediator for the effects of psychological contract breaches on organizational citizenship behavior: Insights from the perspective of ethnic minority employees. *European Management Journal*, 38, 179 – 190. doi: 10. 1016/

j. emj. 2019. 07. 001.

[609] Tugade, M. M. , Fredrickson, B. L. (2004). Resilient individuals use positive emotions to bounce back from negative emotional experiences. *Journal of Personality and Social Psychology*, 86, 320 – 333. doi: 10. 1037/0022 – 3514. 86. 2. 320.

[610] Turnipseed, D. L. (2002). Are good soldiers good? Exploringthe link between organization citizenship behavior and personal ethics. *Journal of Business Research*, 55, 1 – 15. doi: 10. 1016/S0148 –2963 (01) 00217 – X.

[611] Turnley, W. H. , Bolino, M. C. (2001). Achieving desired images while avoiding undesired images: Exploring the role of self – monitoring in impression management. *Journal of Applied Psychology*, 86, 351 – 360. doi: 10. 1037/0021 –9010. 86. 2. 351.

[612] Twenge, J. M. , Campbell, W. K. (2003). "Isn't it fun to get the respect that we're going to deserve?" Narcissism, social rejection, and aggression. *Personality and Social Psychology Bulletin*, 29, 261 – 272. doi: 10. 1177/0146167202239051.

[613] Tyler, T. R. , Lind, E. A. (1992). A relational model of authority in groups. In M. P. Zanna (Ed.), *Advances in experimental social psychology*, Vol. 25, (pp. 115 – 191). Academic Press. https: //doi. org/10. 1016/ S0065 –2601 (08) 60283 – X.

[614] Uslaner, E. M. (2002). *The moral foundations of trust.* Cambridge University Press.

[615] Van Der Vegt, G. S. , Van de Vliert, E. , Oosterhof, A. (2003). Informational dissimilarity and organizational citizenship behavior: The role of intrateam and team identification. *Academy of Management Journal*, 46, 715 –727. doi: 10. 2307/30040663.

[616] van Dijke, M. , De Cremer, D. , Mayer, D. M. , Van Quaquebeke, N. (2012). When does procedural fairness promote organizational citizenship behavior? Integrating empowering leadership types in relational justice models. *Organizational Behavior and Human Decision Processes*, 117, 235 – 248. doi: 10. 1016/j. obhdp. 2011. 10. 006.

[617] Van Dyne, L. , Ang, S. (1998). Organizational citizenship behavior of

contingent workers in Singapore. *Academy of Management Journal*, 41, 692 – 703. doi: 10. 2307/256965.

[618] Van Dyne, L. , Graham, J. W. , Dienesch, R. M. (1994). Organizational citizenship behavior: Construct redefinition, measurement, and validation. *Academy of Management Journal*, 37, 765 – 802. doi: 10. 2307/256600.

[619] Van Dyne, L. , Pierce, J. L. (2004). Psychological ownership and feelings of possession: Three field studies predicting employee attitudes and organizational citizenship behavior. *Journal of Organizational Behavior*, 25, 439 – 459. doi: 10. 1002/job. 249.

[620] Vardi, Y. , Wiener, Y. (1996). Misbehavior in organizations: A motivational framework. *Organization Science*, 7, 151 – 165. doi: 10. 1287/ orsc. 7. 2. 151.

[621] Vigoda – Gadot, E. (2007). Redrawing the boundaries of OCB? An empirical examination of compulsory extra – role behavior in the workplace. *Journal of Business and Psychology*, 21, 377 – 405. doi: 10. 1007/ s10869 – 006 – 9034 – 5.

[622] Vigoda – Gadot, E. , Angert, L. (2007). Goal setting theory, job feedback, andOCB: Lessons from a longitudinal study. *Basic and Applied Social Psychology*, 29, 119 – 128. doi: 10. 1080/01973530701331536.

[623] Viswesvaran, C. , Ones, D. S. (2000). Perspectives on models of job performance. *International Journal of Selection and Assessment*, 8, 216 – 226. doi: 10. 1111/1468 – 2389. 00151.

[624] Vlerick, M. (2021). Explaining human altruism. *Synthese*, 199, 2395 – 2413. doi: 10. 1007/s11229 – 020 – 02890 – y.

[625] Voydanoff, P. (2002). Linkages between the work – family interface and work, family, and individual outcomes: An integrative model. *Journal of Family Issues*, 23, 138 – 164. doi: 10. 1177/0192513X02023001007.

[626] Voydanoff, P. (2005). Toward a conceptualization of perceived work – family fit and balance: A demands and resources approach. *Journal of Marriage and Family*, 67, 822 – 836. doi: 10. 1111/j. 1741 – 3737. 2005. 00178. x.

[627] Walter, F. , Lam, C. K. , Van, d. V. G. S. , Huang, X. , Miao, Q. (2015). Abusive supervision and subordinate performance: Instrumentality considerations in the emergence and consequences of abusive supervision. *Journal of Applied Psychology*, 100, 1056 – 1072. doi: 10. 1037/ a0038513.

[628] Walumbwa, F. O. , Hartnell, C. A. , Oke, A. (2010). Servant leadership, procedural justice climate, service climate, employee attitudes, and organizational citizenship behavior: A cross – level investigation. *Journal of Applied Psychology*, 95, 517 – 529. doi: 10. 1037/ a0018867.

[629] Walumbwa, F. O. , Mayer, D. M. , Wang, P. , Wang, H. , Workman, K. , Christensen, A. L. (2011). Linking ethical leadership to employee performance: The roles of leader – member exchange, self – efficacy, and organizational identification. *Organizational Behavior and Human Decision Processes*, 115, 204 – 213. doi: 10. 1016/j. obhdp. 2010. 11. 002.

[630] Walumbwa, F. O. , Schaubroeck, J. (2009). Leader personality traits and employee voice behavior: Mediating roles of ethical leadership and work group psychological safety. *Journal of Applied Psychology*, 94, 1275 – 1286. doi: 10. 1037/a0015848.

[631] Walumbwa, F. O. , Wu, C. , Orwa, B. (2008). Contingent reward transactional leadership, work attitudes, and organizational citizenship behavior: The role of procedural justice climate perceptions and strength. *Leadership Quarterly*, 19, 251 – 265. doi: 10. 1016/j. leagua. 2008. 03. 004.

[632] Wang, A. , Chen, Y. , Hsu, M. , Lin, Y. , Tsai, C. (2022). Role – based paternalistic exchange: Explaining the joint effect of leader authoritarianism and benevolence on culture – specific follower outcomes. *Asia Pacific Journal of Management*, 39, 433 – 455. doi: 10. 1007/s10490 – 020 – 09732 – y.

[633] Wang, D. , Waldman, D. A. , Zhang, Z. (2014). A meta – analysis of shared leadership and team effectiveness. *Journal of Applied Psychology*,

99, 181 – 198. doi: 10. 1037/a0034531.

[634] Wang, H. , Demerouti, E. , Le Blanc, P. (2017). Transformational leadership, adaptability, and job crafting: The moderating role of organizational identification. *Journal of Vocational Behavior*, 100, 185 – 195. doi: 10. 1016/j. jvb. 2017. 03. 009.

[635] Wang, H. , Law, K. S. , Hackett, R. D. , Wang, D. , Chen, Z. X. (2005). Leader – member exchange as a mediator of the relationship between transformational leadership and followers' performance and organizational citizenship behavior. *Academy of Management Journal*, 48, 420 – 432. doi: 10. 5465/AMJ. 2005. 17407908.

[636] Wang, Y. D. , Sung, W. C. (2016). Predictors of organizational citizenship behavior: Ethical leadership and workplace jealousy. *Journal of Business Ethics*, 135, 117 – 128. doi: 10. 1007/s10551 – 014 – 2480 – 5.

[637] Wayne, S. J. , Ferris, G. R. (1990). Influence tactics, affect, and exchange quality in supervisor – subordinate interactions: A laboratory experiment and field study. *Journal of Applied Psychology*, 75, 487 – 499. doi: 10. 1037/0021 – 9010. 75. 5. 487.

[638] Wayne, S. J. , Liden, R. C. (1995). Effects of impression management on performance ratings: A longitudinal study. *Academy of Management Journal*, 38, 232 – 260. doi: 10. 2307/256734.

[639] Wei, X. , Qu, H. , Ma, E. (2012). Decisive mechanism of organizational citizenship behavior in the hotel industry – Anapplication of economic game theory. *International Journal of Hospitality Management*, 31, 1244 – 1253. doi: 10. 1016/j. ijhm. 2012. 03. 004.

[640] Wen, J. , Li, Y. , Hou, P. (2016). Customer mistreatment behavior and hotel employee organizational citizenship behavior. *Nankai Business Review International*, 7, 322 – 344. doi: 10. 1108/NBRI – 02 – 2016 – 0009.

[641] Whelpley, C. E. , McDaniel, M. A. (2016). Self – esteem and counterproductive work behaviors: A systematic review. *Journal of Managerial Psychology*, 31, 850 – 863. doi: 10. 1108/JMP – 01 – 2014 – 0008.

[642] Whiston, S. C. , Sexton, T. L. , Lasoff, D. L. (1998). Career – inter-

vention outcome: A replication and extension of Oliver and Spokane (1988). *Journal of Counseling Psychology*, 45, 150 – 165. doi: 10. 1037/0022 – 0167. 45. 2. 150.

[643] Wikhamn, W., Asplund, K., Dries, N. (2021). Identification with management and the organisation as key mechanisms in explaining employee reactions to talent status. *Human Resource Management Journal*, 31, 956 – 976. doi: 10. 1111/1748 – 8583. 12335.

[644] Williams, L. J., Anderson, S. E. (1991). Job satisfaction and organizational commitment as predictors of organizational citizenship and in – role behaviors. *Journal of Management*, 17, 601 – 617. doi: 10. 1177/014920 639101700305.

[645] Williams, S., Pitre, R., Zainuba, M. (2002). Justice and organizational citizenship behavior intentions: Fair rewards versus fair treatment. *Journal of Social Psychology*, 142, 33 – 44. doi: 10. 1080/00 224540209603883.

[646] Williams, S., Shiaw, W. T. (1999). Mood and organizational citizenship behavior: The effects of positive affect on employee organizational citizenship behavior intentions. *The Journal of Psychology*, 133, 656 – 668. doi: 10. 1080/00223989909599771.

[647] Wong, A., Tjosvold, D., Liu, C. (2009). Cross – functional team organizational citizenship behavior in China: Shared vision and goal interdependence among departments. *Journal of Applied Social Psychology*, 39, 2879 – 2909. doi: 10. 1111/j. 1559 – 1816. 2009. 00554. x.

[648] Wood, A. M., Froh, J. J., Geraghty, A. W. A. (2010). Gratitude andwell – being: A review and theoretical integration. *Clinical Psychology Review*, 30, 890 – 905. doi: 10. 1016/j. cpr. 2010. 03. 005.

[649] Wood, A. M., Joseph, S., Lloyd, J., Atkins, S. (2009). Gratitude influences sleep through the mechanism of pre – sleep cognitions. *Journal of Psychosomatic Research*, 66, 43 – 48. doi: 10. 1016/j. jpsychores. 2008. 09. 002.

[650] Wood, A. M., Maltby, J., Gillett, R., Linley, P. A., Joseph, S. (2008). The role of gratitude in the development of social support,

stress, and depression: Two longitudinal studies. *Journal of Research in Personality*, 42, 854 – 871. doi: 10. 1016/j. jrp. 2007. 11. 003.

[651] Xie, B. , Zhou, W. , Huang, J. L. , Xia, M. (2017). Using goal facilitation theory to explain the relationships between calling and organization – directed citizenship behavior and job satisfaction. *Journal of Vocational Behavior*, 100, 78 – 87. doi: 10. 1016/j. jvb. 2017. 03. 001.

[652] Xu, E. , Huang, X. , Lam, C. K. , Miao, Q. (2012). Abusive supervision and work behaviors: The mediating role of LMX. *Journal of Organizational Behavior*, 33, 531 – 543. doi: 10. 1002/job. 768.

[653] Yaakobi, E. , Weisberg, J. (2020). Organizational citizenship behavior predicts quality, creativity, and efficiency performance: The roles of occupational and collective efficacies. *Frontiers in Psychology*, 11, 758. doi: 10. 3389/fpsyg. 2020. 00758.

[654] Yam, K. C. , Klotz, A. C. , He, W. , Reynolds, S. J. (2017). From good soldiers to psychologically entitled: Examining when and why citizenship behavior leads to deviance. *Academy of Management Journal*, 60, 373 – 396. doi: 10. 5465/amj. 2014. 0234.

[655] Yang, L. – Q. , Simon, L. S. , Wang, L. , Zheng, X. (2016). To branch out or stay focused? Affective shifts differentially predict organizational citizenship behavior and task performance. *Journal of Applied Psychology*, 101, 831 – 845. doi: 10. 1037/apl0000088.

[656] Yen, C. H. , Teng, H. Y. (2013). The effect of centralization on organizational citizenship behavior and deviant workplace behavior in the hospitality industry. *Tourism Management*, 36, 401 – 410. doi: 10. 1016/ j. tourman. 2012. 10. 003.

[657] You, S. , Lee, J. , Lee, Y. , Kim, E. (2018). Gratitude and life satisfaction in early adolescence: The mediating role of social support and emotional difficulties. *Personality and Individual Differences*, 130, 122 – 128. doi: 10. 1016/j. paid. 2018. 04. 005.

[658] Yu, K. , Bamberger, P. , Wang, L. (2017). The impact of leader and peers on newcomers coworker helping trends. *Academy of Management Proceedings*, 2017, 15701. doi: 10. 5465/ambpp. 2017. 15701 abstract.

[659] Zacher, H. (2014a). Career adaptability predicts subjective career success above and beyond personality traits and core self – evaluations. *Journal of Vocational Behavior*, 84, 21 – 30. doi: 10. 1016/j. jvb. 2013. 10. 002.

[660] Zacher, H. (2014b). Individual difference predictors of change in career adaptability over time. *Journal of Vocational Behavior*, 84, 188 – 198. doi: 10. 1016/j. jvb. 2014. 01. 001.

[661] Zellars, K. L. , Tepper, B. J. , Duffy, M. K. (2002). Abusive supervision and subordinates' organizational citizenship behavior. *Journal of Applied Psychology*, 87, 1068 – 1076. doi: 10. 1037/0021 – 9010. 87. 6. 1068.

[662] Zhang, J. , Akhtar, M. N. , Zhang, Y. , Ma, Z. (2019). High - performance work system and employee performance: The mediating roles of social exchange and thriving and the moderating effect of employee proactive personality. *Asia Pacific Journal of Human Resources*, 57, 369 – 395. doi: 10. 1111/1744 – 7941. 12199.

[663] Ziegler, R. , Schlett, C. , Casel, K. , Diehl, M. (2012). The role of job satisfaction, job ambivalence, and emotions at work in predicting organizational citizenship behavior. *Journal of Personnel Psychology*, 11, 176 – 190. doi: 10. 1027/1866 – 5888/a000071.

[664] Zitek, E. M. , Jordan, A. H. , Monin, B. , Leach, F. R. (2010). Victim entitlement to behave selfishly. *Journal of Personality and Social Psychology*, 98, 245 – 255. doi: 10. 1037/a0017168.